KB209903

곤충이
미래 식량
이라고?

짠!

앉은자리에서
뚝딱 끝낼 수 있는
과학 시리즈가 여기 왔다!

짧고 굵고 빠삭하게, 최신 과학을 과자처럼

오늘도 가볍게
완독!

<오도독> 시리즈의 출간 소식을
누구보다 빠르게 인스타그램에서 확인하세요!

몸도 마음도
든든해지는
영양소 여행,

함께 떠날래?

갓생은 영양소로부터

#영양소 #물
#3대 영양소 #3부 영양소

틈새 토론

2장

소화와 흡수의 비밀

#소화계   #기계적 소화   #화학적 소화
#위   #소장   #대장

틈새 토론

유전자 '변형'이 아니라 '편집'!

#유전자 변형 생물 #유전자 변형 식품 #GMO

#유전자 편집 #유전자 가위

틈새 토론

기후 위기 시대, 무얼 먹고 살까

#기후 위기   #미래 식량
#식용 곤충

틈새 토론

(1장)

갓생은
영양소로부터

#영양소 #물 #3대 영양소 #3부 영양소

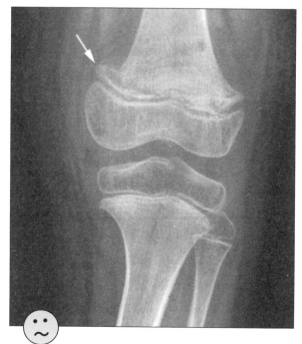

괴혈병 환자의 무릎 관절 엑스선 사진

(흰색 화살표는 괴혈병선을 나타냄)

16~18세기, 유럽에서 새로운 대륙을 찾아

배를 타고 오랫동안 항해하던 시절에,

해적보다 더 무서운 병이 있었대.

잇몸이나 피부에서 피가 나고

심하면 죽기도 하는 병이었지.

이 병의 이름은 괴혈병,

원인은 바로 **비타민 C** 부족이었어!

우린 액체 인간이야

우리 몸은 무엇으로 만들어졌을까? 어른들은 사람이 죽어서 흙으로 돌아간다고 하던데, 정말 우리 몸이 흙으로 이루어졌을까? 살은 말랑말랑하니 아무리 봐도 흙은 아닌 것 같은데 말이야.

우리 몸의 70%가 물이라는 소리는 들어 봤지? 맞아 사람 몸의 약 70%는 물로 이루어져 있어. 그러면 액체 인간이라고 표현할 수도 있는 거 아닐까? 잠깐, 그렇다면 99% 물로 되어 있는 오이는 액체인 걸까, 고체인 걸까? 자, 다시 우리 몸으로 돌아오자. 우리 몸의 70%가 물이라면 나머지 30%는 무엇으로 이루어졌을까? 우리는 음식을 먹고 자랐으니 우리가 먹는 음식에서 답을 찾을 수 있어.

우리가 학교에서 먹는 급식을 생각해 보자. 오늘 급식은 김이 모락모락 나는 쌀밥에 미역국이야. 반찬으로 불고기, 시금치 무침, 김치가 나왔어. 맛있겠지? 이 음식들은 여러 종류의 영양소로 이루어져 있어. 영양소는 우리 몸을 구성하거나 에너지원으로 사용할 수 있는 물질을 말해. 영양소의 종류에는 탄수화물, 단백질, 지방, 무기염류, 비타민, 물, 그리고 핵산 같은 물질이 있어.

다시 급식으로 돌아가 보자. 급식에서 가장 많이 먹은 음식은 뭐지? 맞아. 밥이야. 밥, 그러니까 쌀은 주로 탄수화물로 구성되어 있어. 서양인도 탄수화물이 주성분인 빵을 주식으로 삼으니까 우리 몸의 구성 성분은 물을 제외하면 탄수화물이 가장 많을까? 그렇지는 않아. 탄수화물은 우리 몸의 간에 글리코젠glykogen이란 물질의 형태로 약 0.5%만 구성되어 있어. 그렇다면 그렇게 많이 먹은 탄수화물은 다 어디로 갔을까? 정답은 에너지야. 사람이 활동하려면 에너지가 필요해. 생각하는 데도 에너지가 필요하고. 에너지는 영양소로부터 얻는데, 탄수화물은 에너지의 주재료이기 때문에 계속 사용하게 되는 거지. 그럼 어떤 영양소가 가장 많은 걸까?

우리 몸을 이루는 물질 중 물 다음으로 많은 것은 단백질이야. 단백질로 된 근육을 생각해 보면 이해가 될 거야. 우리가 흔히 말하는 '살', 삼겹살의 붉은 살코기가 근육이야. 근육은 우리 몸의 약 16%를 이루고 있어.

다른 영양소를 말해 볼까? 비타민 A를 충분히 섭취하지 못하면 밤에 앞이 잘 보이지 않는 야맹증에 걸린다고 해. 비타민 A가 눈의 시각 기능이 작용하는 데 필수 요소이기 때문이야.

어때? 갑자기 영양소에 대해 궁금해졌지? 앞에서 말했듯이 영양소는 우리 몸을 구성하거나 에너지원으로 사용될 뿐 아니라, 우리 몸의 생리 작용에도 도움이 돼. 지금부터 영양소에 대해 다양한 이야기를 해볼 거야. 그럼 출발하자고!

생물은 어떤 영양소로 되어 있을까?

먼저 각 영양소에 대해 하나씩 알아보자. 3대 영양소와 3부 영양소라는 말은 들어 봤지? 먼저 3대 영양소부터 알아보자.

우리가 살아가려면 에너지가 필요해. 그 에너지원으로 주로 쓰이는 탄수화물, 단백질, 지방을 3대 영양소라고 해.

사람의 몸 안에서 사용할 수 있는 에너지 단위가 있어. 우리가 전기 에너지를 사용할 수는 없잖아. 이를 생체

에너지라고 하고 아데노신 3인산adenosine triphosphate(ATP)이라고 불러. 생물이 살아가고 있을 때, 몸 안에서 일어나는 모든 일을 이 ATP로 할 수 있어. 근육을 수축하고(당기고) 이완해(늘려) 몸을 움직이는 작용부터 생장, 몸에서 열을 내는 작용까지 모두 ATP가 공급하는 에너지를 이용해서 일어나지. 심지어 전기뱀장어는 ATP를 이용해 전기를 만들고, 반딧불이는 빛도 만들어.

이처럼 생물이 살아가려면 ATP를 끊임없이 만들어서 에너지를 얻어야 해. 그렇다면 이 ATP는 어떻게 만들까? ATP를 만들기 위해서는 에너지원이 필요해. 앞에서 말한 3대 영양소가 ATP를 만들 수 있는 에너지원이야.

3대 영양소 중에서 주 에너지원은 탄수화물이라고 한 거 기억나지? 이 말은 곧 ATP를 만들 때 주로 탄수화물을 사용한다는 말이야. 특히 뇌는 탄수화물만 에너지원으로 삼을 수 있어.

탄수화물 다음은 단백질이야. 단백질은 골격근을 이루고 있어. 또 심장, 위, 소장 같은 내장 기관도 모두 근육(심장근, 내장근)이지. 그래서 단백질이 물 다음으로 많은 우리 몸의 구성 영양소야.

우리가 움직일 수 있는 것은 골격근 덕분이야. 뼈의 관절은 골격근이 수축하고 이완하면서 움직여. 그런 골격근이 없어지면 어떻게 될까? 맞아. 운동 능력이 약해질 거야. 단백질을 에너지원으로 사용한다는 말은 골격근을 에너지원으로 사용한다는 말이기도 해. 인간은 탄수화물을 주 에너지원으로 사용하니까 평소에는 단백질을 사용하지 않아. 하지만 영양 상태가 좋지 않거나 미용을 위해 극도로 다이어트를 해서 주 에너지원인 탄수화물이 부족할 때는 단백질을 에너지원으로 사용하지. 그러면 또 가뜩이나 부족한 골격근이 더 부족해질 거야. 뒤에서 자세히 배우겠지만, 단백질은 우리 몸의 생리 작용을 조절하기 때문에 단백질을 에너지원으로 사용한다면 생존에 심각한 문제가 생길 수 있어.

마지막은 지방이야. 탄수화물과 단백질이 각각 1g당 4kcal의 에너지를 내는 반면 지방은 1g당 9kcal의 에너지를 낼 수 있어. 에너지원으로서 성능이 훨씬 뛰어나지. 피하지방이라는 말을 들어봤지? 피부 아래 중성지방으로 이루어져 우리 몸을 구성하는 지방층이야. 우리 몸은 탄수화물이 주 에너지원이기 때문에 탄수화물을 사용하고, 탄수화물이 부족해져야 지방을 사용하지. 그래서 다이어트를 하려면 먼저 탄수화물을 끊으라고 하는 거야. 그때부터 지방을 사용하니까.

에너지를 낼 수 있는 3대 영양소 말고 또 어떤 영양소가 있을까? 3대 영양소 외에도 3부 영양소라는 것이 있어. 3부 영양소는 에너지원으로 쓰이지는 않지만, 몸을 구성하고 생리 작용을 해. 3부 영양소에는 물, 무기염류, 비타민이 있어.

우리가 물만 마시고는 살 수 없는 이유는 물이 에너지를 내지 못하기 때문이야. 하지만 물을 마시지 않으면 영양소를 섭취하지 않았을 때보다 더 위험해. 물이 우리가 살아가는 데 중요한 역할을 하기 때문이지. 그래서 우리 몸의 70%가 물로 구성되어 있는 거야. 물의 역할은 다음에 알아보고, 먼저 3대 영양소부터 더 자세히 알아보자고.

탄수화물을 영어로 쓰면 carbohydrate(카보하이드레이트)야. carbo는 탄소, hydrate는 수화물이라는 뜻이지. 탄소와 물이 합쳐진 것인데, 어렵다면 그냥 '당'이라고 생각하면 돼. '당'이라고 하년 생각나는 것이 뭐가 있어? 올리고당? 설탕? 맞아. 모두 당이야.

탄수화물을 다시 정의하자면, 당과 당의 중합체라고 할 수 있어. 중합체는 단위체가 많이 모여 큰 물질을 만든 것이라고 생각하면 돼. 가장 단순한 당은 단당류라고 하는데, 포도당이 가장 흔한 단당류야.

포도당은 탄소 6개가 고리 모양으로 되어 있어. 자세한 화학 구조까지는 몰라도 되지만 이 고리 모양의 포도당이 결합하는 방식에 따라 전혀 다른 탄수화물이 되니까 고리 모양을 기억하자. 이 포도당이 수백에서 수천 개가 연결되어 다당류를 만들어. 연결되는 방식에 따라 녹말과 셀룰로스cellulose, 글리코젠이 되는 거야. 겉보기에도 전혀 다른 물질이지. 녹말은 감자나 쌀 같은 음식물에 많이 들어 있는데 식물에서 에너지를 저장하기 위해 만

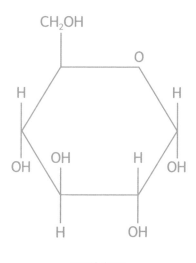

포도당의 구조

들어져. 셀룰로스는 나무의 껍질이나 식물의 잎을 이루는 물질이야. 우리나라 사람은 쌀을 주식으로 하고 미국 사람은 빵을 주식으로 하는데, 쌀과 빵 모두 녹말로 이루어져 있어. 이 녹말이 우리 소화 기관을 지나면서 포도당으로 분해되어 ATP를 만드는 데 사용되는 거야. 소화에 대해서는 2장에서 자세히 배울 거야.

여기서 뭔가 안타까운 말을 해볼까? 풀과 식물은 셀룰로스로 되어 있어. 정확히 말하면 식물 세포의 세포벽 성분이 셀룰로스야. 셀룰로스는 단단해서 식물 세포의 모양을 잡아 주고 지지하는 역할을 하지. 이 셀룰로스의 단위체는 포도당이야. 그렇다면 셀룰로스를 먹으면 에너지원인 포도당을 섭취하는 것이니 우리는 풀만 먹어도 살 수 있어야 하지 않을까?

하지만 경험했다시피 사람은 풀만 먹고 살 수 없어. 소나 말 같은 초식동물은 풀만 믹고도 살 수 있는데 말이야. 안타깝게도 사람은 풀을 소화할 수 없기 때문이야. 중합체를 단위체로 나누는 것을 소화라고 하는데, 사람은 녹말의 결합은 끊어서 포도당으로 분해하지만, 셀룰로스의 결합은 끊을 수 없어. 소는 위장에 사는 미생물의 도움으로 이 결합을 끊어서 포도당으로 만드는 거야.

사람도 풀을 소화할 수 있다면 그냥 산에 피어 있는 풀을 뜯어 먹으면 될 거야. 풀은 지천에 널려 있으니 식량 문제도 해결할 수 있겠지. 학교에서는 운동장에 다양한 풀을 심어 놓고서 급식 시간에 입맛에 맞게 뜯어 먹으라고 했을지도 몰라.

글리코젠은 포도당이 가지 모양으로 결합된 형태를 말해. 앞에서 우리 몸의 구성 성분 중 탄수화물이 0.5%로 일부 있다고 했잖아? 그게 바로 글리코젠이야. 탄수화물은 우리 몸의 주 에너지원이라고 한 거 기억하지? 글리코젠은 포도당을 적절한 시기에 공급하기 위한 영양소야.

　밥을 먹으면 혈당량이 높아져. 혈당량은 혈액 속에 녹아 있는 포도당의 농도를 말해. 탄수화물을 소화하면 포도당이 되고, 이를 흡수하면 혈액으로 들어가서 혈당량이 높아지는 거지. 그러니 밥을 많이 먹으면 혈당량이 많이 높아질 거야. 그때 간에서 포도당을 결합해서 글리코젠을 만드는 거야. 간에 저장된 글리코젠은 은행이라고 생각하면 돼. 우리가 굶거나 심한 운동을 하면 혈당량이 낮아지는데, 이때 저장한 글리코젠을 분해해서 포도당으로 사용하지. 한마디로, 글리코젠은 부족한 에너지원 공급을 위한 포도당 저장 은행이라고 할 수 있어.

　단당류에는 포도당 말고도 과당과 갈락토스galactose라는 당도 있어. 설탕은 단당류 2개가 이어져 있어서 이당류라고 해. 설탕은 포도당과 과당이 결합해 있어. 포도당과 포도당이 결합한 이당류는 엿당이야. 엿당은 꿀에 많이 들어 있어. 포도당과 갈락토스가 결합한 이당류는 젖당인데 우유에 들어 있어. 흔히, 어른이 될수록 우유를 잘 소화하지 못하는데, 바로 젖당을 분해하는 소화 효소가 점점 줄어들기 때문이야. 마트에 가면 소화가 잘된다고 하는 우유를 팔잖아? 그게 바로 젖당을 뺀 우유야. 이 이당류도 소장에서 적절한 효소에 의해 분해되고 단당류로 만들어 흡수하는 거야. 자세한 내용은 2장에서 알아보자.

단당류: 포도당, 과당, 갈락토스

이당류: 엿당, 젖당, 설탕

다당류: 녹말, 셀룰로스, 글리코젠

추위를 막아 줄게

우리가 지방이라고 말하는 물질은 세포를 구성하는 주요 유기 화합물인 지질의 한 종류야. 탄수화물 속에 녹말과 셀룰로스가 있는 것처럼, 지질에는 지방, 인지질, 스테로이드가 있어. 모두 우리가 알아볼 생명 활동에 중요한 요소들이야.

지질에는 다른 영양소와 구별되는 큰 특징이 있어.

바로 물과 친하지 않다는 거야. 이런 성질을 소수성이라고 해. 물과 기름은 서로 섞이지 않잖아? 기름은 지질로 이루어져 있는데, 지질이 물과 친하지 않아서 기름과 물은 섞이지 않아. 지질의 이런 성질은 세포를 만들 때 아주 중요한 역할을 해.

지방은 글리세롤glycerol에 지방산 3개가 결합해 있어. 이 지방산은 종류가 많은데 팔미트산palmitic acid, 스테아르산stearic acid, 올레산oleic acid 등이 있어. 지방산은 탄소 분자 16~18개가 결합해 연결된 형태야. 이 탄소 분자가 결합한 종류에 따라 우리가 자주 들어본 포화 지방, 불포화 지방으로 나뉘어. 분자 간의 결합은 어려우니 간단히 설명할게. 탄소 결합에 이중 결합이 있으면 불포화 지방산, 이중 결합이 없으면 포화 지방산이 돼.

포화 지방은 버터 같은 동물성 지방으로, 상온에서 고체 상태로 있어. 돼지고기를 구워 먹고 나면 프라이팬에 하얀 기름이 굳는 것을 봤지? 바로 동물성 지방인 포화 지방이야.

반면에 식물과 생선의 지방은 불포화 지방이야. 상온에서 액체로 되어 있어. 올리브유나 식용유를 생각해 보면 되겠지? 포화 지방을 많이 섭취하면 동맥경화 등 심혈관 질환에 걸릴 수 있으니 동물성 지방보다 식물성 지방을 많이 먹는 것이 좋아.

'마가린'이라고 들어 봤니? 원래는 불포화 지방인 식물성 지방인데, 여기에 의도적으로 결합을 변형해 고체로 만든 거야. 이를 트랜스 지방이라고 하는데, 포화 지방과 마찬가지로 건강에는 좋지 않다는 연구가 많아. 덴마크와 스위스에서는 식당에서 트랜스 지방을 사용하지 못하게 한다니 우리도 주의하는 게 좋아.

지방은 꽤 좋은 에너지원이야. 앞에서 잠깐 소개했듯이 지방은 1g당 9kcal의 열량을 내. 탄수화물과 단백질의 4kcal보다 두 배 이상 열량을 낼 수 있어. 사람은 지방 세포에 지방을 저장해. 먹을 것이 귀했던 선사시대에는 지방을 많이 축적해 두는 게 좋았지만, 먹을 것이 많은 현대에는 지방을 줄이려고 노력해야 해. 또, 지방은 열 전달을 차단해 줘. 극지방의 고래나 바다표범이 차가운 바닷물에서도 끄떡없이 살 수 있는 것은 피하지방이 굉장히 두껍기 때문이야.

지질 중에는 인지질이라는 물질이 있어. 지방은 글

친수성
머리

소수성
꼬리

인지질 분자

인지질 이중 층

인지질의 구조

리세롤에 3개의 지방산이 연결되었다고 했잖아? 인지질은 2개의 지방산과 1개의 인산기가 연결되어 있어. 이것은 생명 활동에 매우 중요한 연결이야. 지질은 소수성이라 물을 싫어한다고 했지? 하지만 인산기 부분은 물을 좋아하는 친수성이야. 하나의 인지질에 친수성과 소수성인 부분이 모두 들어 있는 특이한 구조지. 이 특이한 구조 덕분에 생명이 만들어졌다고도 할 수 있어.

우리 몸의 70%는 물이잖아. 물속에서 물을 싫어하는 인지질의 소수성 부분끼리 모이고 반대로 친수성 머리 부분이 바깥쪽으로 배열되어 인지질 이중층을 만들어. 이 인지질 이중층이 세포막을 이루는 성분이야. 세포막은 세포의 안과 밖을 구분하는 경계를 만들어서 세포를 바깥 환경과 나누어 주는 역할을 해. 이것은 모두 인지질의 특별한 성질 때문이야.

마지막으로, 스테로이드라는 지질이 있어. 스테로이드는 어디서 많이 들어봤지? 맞아. 운동을 좋아하는 사람들이 근육을 강화하기 위해 사용하는 약물로 쓰이기도 하는 호르몬이야. 하지만 부작용이 심해서 정식 시합에 나가는 운동 선수에게는 사용이 금지되어 있지. 스테로이드는 성호르몬과 구조가 매우 비슷해. 대부분의 호르몬이 단백질로 이루어져 있는 반면 성호르몬은 지질로 이루어져 있어. 또 콜레스테롤도 스테로이드와 구조가 비슷해. 콜레스테롤은 동물 세포막의 구성 성분이지만 음식물로 많이 섭취하면 심혈관계 질병에 걸릴 위험이 있어.

내가 없으면 생명 활동을 못하지

단백질은 생명 활동에서 매우 중요한 역할을 해. 일단 몸을 구성하는 성분 중에서 물 다음으로 가장 많은 영양소가 단백질이야. 동물이 운동을 하기 위해서는 근육(골격근)이 필요한데, 근육의 주성분이 단백질이기 때문이야.

　　단백질은 몸을 구성하고, 생리 작용을 하며, 에너지로 쓰여. 먼저 단백질이 어떻게 만들어졌는지 그 구성부터 알아보자.

　　단백질은 아미노산이라는 단위체로 이루어져 있어. 아미노산은 곁사슬인 알킬기의 종류에 따라 20종류가 있어. 콩나물 뿌리에 많은 아스파라긴, 피로 해소제에 들어 있는 아르기닌이란 말 들어 봤지? 모두 아미노산이야. 사람은 효소가 있어서 20종류의 아미노산 중에서 12가지를 몸에서 만들지만, 8가지는 음식으로만 섭취해야 해. 이를 필수 아미노산이라고 하는데 고기나 달걀 같은 동물성 식품을 먹으면 모두 섭취할 수 있어. 하지만 채식을 하는 사람은 주의해야 해. 필수 아미노산 중에서 1~2개씩은 빠져 있기 때문이야. 콩에는 메싸이오닌이, 옥수수에는 라이신과 트립토판이 빠져 있어. 그러니 채식을 하더라도 이 두 가지를 같이 섭취하면 해결돼.

　　자, 이제 아미노산으로 단백질을 만드는 과정을 알아보자. 20종류의 아미노산은 펩타이드 결합을 통해 계속 연결할 수 있어. 만약 10개의 아미노산으로 된 단백질을 만들면 몇 종류의 다른 단백질을 만들 수 있을까?

20×20×20… 20을 열 번을 곱해야 하는 큰 수야. 10조보다 큰 어마어마한 수야. 하지만 10개의 아미노산으로 이루어진 단백질은 없어. 우리가 아는 인슐린insulin만 해도 51개의 아미노산으로 이루어져 있어. 인슐린과 아미노산 개수가 같은 단백질이 20^{51}종류나 있다는 말이지. 트랜스타이레틴transthyretin이라는 단백질은 아미노산이 127개 있고, 그 밖에 많은 단백질이 수백 개 이상의 아미노산으로 이루어져 있어. 결론은 우리 몸에서는 아미노산의 종류 때문에 셀 수도 없이 많은 단백질을 만들 수 있다는 말이야.

단백질은 네 단계의 구조로 이루어져 있어. 1차 구조는 단순한 아미노산의 배열이야. 아미노산의 연결은 펩타이드 결합을 하는데 이 화학 결합 때문에 나선 모양이나 병풍 모양의 구조를 만들어. 이것이 α 나선 구조, β 병풍 구조로 불리는 단백질의 2차 구조야.

α 나선 구조, β 병풍 구조는 화학 결합에 의해 다시 뭉쳐져 덩어리를 만들어. 휴지를 뭉친 것처럼 보이는데 이런 3차원적 구조가 3차 구조야. 이런 3차 구조 단백질

이 2개 이상 모여서 4차 구조의 기능적 단백질을 만드는 거야. 적혈구의 구성 단백질인 헤모글로빈은 3차 구조 단백질 4개가 모여 이루어진 4차 구조 단백질이야.

　단백질은 우리 몸의 중요 생리 작용을 해. 효소, 호르몬, 항체 모두 단백질로 이루어져 있어. 위에서 소화 효소로 작용하는 펩신pepsin, 혈당량을 낮추는 호르몬인 인슐린, 항체의 주성분인 면역글로불린immunoglobulin 모두 단백질로 만들어져. 단백질의 3차원적 구조는 매우 중요해. 이런 3차원적 구조가 효소, 호르몬, 항체의 종류를 결정하기 때문이야. 생화학을 연구하는 과학자들은 이런 단백질의 3차원적 구조를 연구하고 있어. 이게 신약이 되

단백질의 나선 구조와 병풍 구조

고, 불치병 치료제가 될 수 있기 때문이야.

단백질의 또 다른 기능은 몸을 구성한다는 거야. 마이오신myosin, 액틴actin 단백질은 근육의 주성분이고, 케라틴keratin 단백질은 머리카락이나 손톱의 주성분이야. 또 긴급할 때 에너지원으로도 쓰니 단백질은 우리의 생존에 꼭 필요한 영양소야.

유전자를 전달하자

3대 영양소에 포함되지는 않지만 매우 중요한 영양소가 있어. 바로 핵산nucleic acid이야. 유전자라는 말을 들어 봤니? 맞아. DNA라고 불리는 물질이 유전자야. 우리는 부모님을 닮았어. 부모님께 유전자를 물려받았기 때문이야. 핵산으로 만들어진 유전자가 우리 겉모습을 만든다니 신기하지? 유전 이야기는 조금 있다가 하고, 먼저 핵산의 구성 물질을 알아볼게.

핵산의 단위체는 뉴클레오타이드nucleotide야. 뉴클레오타이드에는 인산과 당은 공통으로 있고, 네 가지 종류의 염기도 있어. 염기는 DNA의 경우 아데닌adenin(A), 타이민thymin(T), 사이토신cytosin(C), 구아닌guanin(G)의 네 종류야. 유전자가 우리 외모나 성격을 결정하는데, 이 염기의 종류가 유전자의 종류를 결정한다고 할 수 있어.

쉬운 예를 하나 들어 볼게. 낫적혈구빈혈이라는 유전병이 있어. 유전병이란 말 그대로 유전자에 의해 생기는 질병으로, 자식에게 유전되는 병이야. 혈액에는 산소를 운반하는 기능을 하는 적혈구라는 세포가 있어. 적혈구는 매끄러운 원반처럼 생겼어. 하지만 낫적혈구빈혈이 있는 사람은 적혈구가 낫 모양으로 생겼어. 당연히 적혈구가 산소를 운반하는 기능이 낮아져서 심한 빈혈이 일어나곤 하지.

DNA의 염기 종류 때문에 적혈구의 모양은 어떻게 달라질까? 2진법은 모든 숫자를 0과 1로 표현해. 컴퓨터의 모든 복잡한 화면이 2진법으로 만들어져 있지. 유전자는 염기 네 종류로 만들어져. ATGC 네 가지 염기가 배열되는 종류와 순서에 따라 유전자가 만들어지는 거지. 즉 4진법으로 복잡한 인간이 만들어졌다는 것인데, 믿기 어렵겠지만 사실이야.

정상적인 적혈구와 낫형 적혈구의 구조

적혈구도 단백질로 이루어져 있어. 앞에서 단백질은 아미노산이 배열되어 만들어진다고 했잖아? 바로 이 아미노산 배열이 DNA의 염기 배열 순서에 따라 결정돼. 낫 모양의 적혈구는 염기 1개가 돌연변이가 되어 글루탐산 glutamic acid이라는 아미노산 자리에 발린valine이라는 아미노산이 와서 이런 문제가 된 거야.

이처럼 핵산은 에너지를 내거나 몸을 구성하지는 않지만 생물이 존재하는 데 매우 중요한 물질이야.

아슬아슬했던 생명의 탄생

우리 몸의 70%는 물이라고 했어. 왜 물이 70%나 되는 비율로 구성되어 있을까? 그건 생명 현상에 그만큼 중요한 이유가 있어서 그래. 지구가 만들어졌을 당시 지구 표면의 70% 이상이 물이었어. 물은 생명의 탄생에 매우 중요한 물질이었던 거야.

　미국의 기업가인 일론 머스크 같은 사람들은 인류가 화성으로 이주해야 한다고 주장하고 있어. 실제로 세계 여러 나라가 그런 미래에 대비해 화성에 연구용 로켓을 보내려 하고 있지. 로켓은 화성에 인류가 활용할 수 있는 물이 있는지 알아보는 연구를 수행할 거야. 인류가 살려면 물이 아주 중요하기 때문이지.

　그럼 물의 특징을 한번 살펴볼까? 물은 수소 원자 2개와 산소 원자 1개로 이루어진 작은 분자야. H_2O라는 분자식을 가진 물은 굉장히 특이한 성질이 있어. 대부분의 물질은 기체, 액체, 고체의 세 가지 상태로 존재해. 물은 섭씨 100도에서 끓어 기체인 수증기가 되고, 0도에서 얼어 고체인 얼음이 돼. 다른 물질은 고체에서 액체, 액체에서 기체가 될 때 부피가 증가해. 하지만 물은 반대로 액체에서 고체가 되면, 즉 얼음이 되면 부피가 증가해. 플라스틱 병에 물을 담아 냉동실에 넣어 두면 빵빵하게 부푼 것을 볼 수 있을 거야.

이는 물의 화학 결합에서 보이는 특성 때문인데, 바로 수소 결합이야. 물 분자끼리는 서로 당기는 힘이 있어. 이 때문에 물이 상온에서 액체로 존재할 수 있지. 비슷한 질량의 분자인 메테인(CH_4)은 수소 결합이 없어서 상온에서 기체 상태로 있어.

방금 고체인 얼음이 액체인 물보다 부피가 크다고 했지? 물이 얼음이 되면 수소 결합이 안정하게 되어 물 분자들이 육각형 모양을 띠어. 오히려 분자 간의 거리가

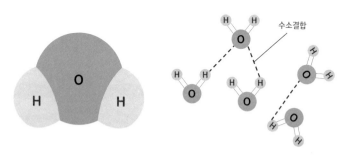

물 분자의 모양과 수소 결합

멀어지면서 부피가 증가하는 거야. 이 때문에 얼음은 물에 떠. 얼음을 넣은 차가운 음료수를 떠올려 봐. 얼음이 음료 위에 떠 있지? 우리는 이 현상을 보고 특별하게 생각하지 않겠지만, 이는 부피가 팽창하면서 밀도가 작아지기 때문에 그런 거야. 얼음이 물에 뜨는 것이 왜 중요하냐고? 만약 일반 물질처럼 얼음이 물보다 부피가 작아지고 밀도가 커졌다면 얼음이 물에 가라앉고 호수나 강의 아래쪽부터 얼었을 거야. 날이 풀려도 태양에너지가 바닥까지 전달되지 않아서 얼음은 녹지 않을 테고. 그러면 호수고 강이고 바다고 모두 얼어 버렸겠지. 그렇다면 지구에 생명체는 살 수 없었을 거야. 위쪽부터 얼음이 어니까 아래쪽 물의 열 손실을 차단해서 더 이상 깊은 물의 수온이 더 낮아지지 않기도 하고.

물은 용해성이 좋아. 무언가를 녹이는 성질이 좋다는 뜻이지. 물에 설탕이나 소금을 한 숟가락 넣으면 어떨까? 금세 녹아서 사라져. 이처럼 물은 다양한 물질을 녹일 수 있어서 생명의 몸에 반드시 필요해.

라이소자임lysozyme 효소는 단백질이야. 이 단백질은 눈물 속에 녹아 있어. 라이소자임은 항균 작용을 하기 때문에 눈으로 들어오는 세균을 막을 수 있어. 이 외에도 혈액에는 다양한 영양소와 단백질이 녹아 있어서 온몸에 영양을 공급하고, 식물의 수액, 세포의 체액도 다양한 물질을 용해해서 생명 현상을 유지할 수 있게 해.

물은 비열과 기화열이 커. 비열은 어떤 물질 1g의 온도를 섭씨 1도 올리는 데 필요한 열량이야. 물의 비열은 다른 물질들보다 커. 철보다는 무려 10배나 크지. 한여름 바닷가를 생각해 봐. 바닷물에 들어가려면 모래밭을 지나야 해. 맨발로 달궈진 모래를 밟으면 너무 뜨거워 깡충깡충 뛰어서 바다로 들어가지? 하지만 바닷물은 차가워서 오히려 시원해. 물은 비열이 높아서 온도 변화가 적기 때문이야. 우리 체온은 거의 항상 36.5도로 유지되고 있어. 이는 생명 활동에 필요한 효소가 가장 활발하게 작용하는 온도야. 몸의 70%가 물이니 아무리 날씨가 변해도 우리 몸의 온도인 체온은 쉽게 변화되지 않아. 비열이 높은 물 덕분이야.

물은 기화열도 커. 기화열은 액체가 기체로 상태 변할 때 흡수하는 열이야. 물의 기화열이 높다는 것은 체온 조절에 유리하다는 것을 의미해. 더운 여름날을 생각해 봐. 체육 시간에 달리기라도 하면 얼굴이 빨갛게 달아오르면서 땀이 흘러. 그러다 그늘에서 쉬면 땀이 마르면서 더위가 식어. 땀이 증발하면서 열을 빼앗아가기 때문이야. 25도의 물 1g이 기화될 때 약 580cal의 열을 흡수해. 이는 알코올의 두 배야. 그러니 올라간 체온을 다시 36.5도로 내리는 데 유리할 거야.

물에 수소 결합이 없었으면 어땠을까? 지구에 생명은 없었을 거야. 우리는 물의 수소 결합 덕분에 겨우 탄생할 수 있었던 거야. 정말 '생명의 물'이라는 표현이 맞는 것 같아.

넌 내 생명의 비타민

1700년대는 흔히 대항해 시대라고 불러. 유럽인들은 아시아와 아프리카, 아메리카 대륙의 나라들을 식민지로 삼기 위해 커다란 전함을 만들어서 전 세계의 바다를 돌아다녔어. 바다에 나가 있으면 폭풍을 만날 수도 있고, 해적을 만날 수도 있었지. 하지만 이것들보다 더 무서운 것이 있었다고 해. 배를 타고 오랜 시간 바다에 나가 있으면 어김없이 찾아오는 질병, 바로 괴혈병이야. 괴혈병은 잇몸에서 피가 나고 치아가 무너지는 병이야. 그리고 꿰맨 상처가 덧나고 상처의 회복이 느려지기도 하지. 심지어 장기에서 출혈이 일어나 죽음에까지 이르는 병이야. 한 항해에서는 180명의 선원 중에서 100명이 사망할 정도로 무서운 질병이었어. 당시 선원들은 바다의 망령이 씌었다고 생각했을 거야.

당시 영국의 군의관 제임스 린드는 괴혈병을 치료하기 위해 이런저런 시도를 했어. 그러던 중 좋은 음식을 골고루 먹는 고위직 선원들은 괴혈병에 잘 걸리지 않는 것을 보고 신선한 과일에서 힌트를 얻었지. 이런저런 시도 끝에 린드는 선원들에게 라임 과즙을 주었더니 괴혈병이 치료된 것을 발견했어. 그 뒤로 긴 항해를 해도 괴혈병에 걸리는 사람이 없었지. 괴혈병이 치료된 것은 라임에 들어 있던 비타민 C 덕분이야. 대양을 가르는 함선에서는 신선한 과일이나 채소를 싣기 힘들었을 거야. 며칠만 지나도 상하기 때문이지. 항해가 오래될수록 선원들은 신선한 과일과 채소를 먹지 못했고, 비타민 C를 섭취하지 못해 괴혈병에 걸리게 된 거야.

비타민 C의 존재는 1932년에야 밝혀졌어. 헝가리의 과학자 센트죄르지 얼베르트는 헥수론산hexuronic acid이라는 물질이 괴혈병을 막아 준다는 것을 알았어. 이후 센트죄르지는 헥수론산의 이름을 아스코르브산ascorbic acid으로 바꾸었고, 아스코르브산($C_6H_8O_6$)은 생물의 체내에 있는 포도당($C_6H_{12}O_6$)으로부터 생성된다는 것을 알아냈어. 물론 인간을 포함한 영장류는 비타민 C를 합성하지 못해서 반드시 음식으로 흡수해야 하지만 말이야. 센트죄르지는 비타민 C를 발견한 공로로 1937년 노벨 생리의학상을 받아.

이처럼 비타민vitamin은 우리 몸의 생리 작용에 필요한 물질이야. 비타민은 생명을 뜻하는 '비타vita'와 비타민에 들어 있는 '아민amine'의 합성어야. 아민이 없는 비타민도 있어서 맨 끝의 e는 뺐다고 해.

비타민 C 말고 또 들어본 비타민 있니? 맞아. 비타민 A, B, C, D, K 등등이 있어. 비타민은 종류가 많아. 그럼 우리는 얼마나 많은 종류의 비타민을 먹어야 할까? 지금까지 13종류의 비타민이 생리 작용에 필요하다는 것이 연구로 밝혀졌어. 비타민은 0.01~100mg 정도의 적은 양만 있어도 정상적으로 작동하는 신기한 영양소야. 하지만 그 정도의 비타민이라도 없다면 앞에서 설명한 괴혈병 같은 질병에 걸리는 반드시 필요한 영양소야. 그럼 다른 종류의 비타민도 알아보자.

흔히 비타민이 부족하면 어떤 질환이 생겨. 비타민 A가 부족하면 야맹증이라는 질환이 생겨. 야맹증은 말 그대로 밤에 잘 보이지 않는 증상이야. 밤에 잘 보이지 않는다는 사실을 좀 더 과학적으로 알아볼까?

밤에 자려고 불을 껐을 때를 생각해 봐. 불을 끈 직후에는 아무것도 보이지 않아. 하지만 시간이 지나면 점차 시력이 회복되어 사물의 형태나 명암이 보여. 반대로 아침에 갑자기 불을 켜면 눈이 부시지. 이는 어두울 때 나타나는 시각 형성 과정 때문이야. 어두울 때, 그러니까 빛이 약할 때는 막대 세포라는 시각 세포에서 로돕신rhodopsin이라는 물질을 합성해야 해. 로돕신은 옵신opsin과 레티날retinal의 합성 물질이야. 이 로돕신이 약한 빛에 분해되면서 에너지를 내고, 그 에너지로 시각을 형성하는 거야. 불을 켰을 때 눈이 부신 이유는 어두울 때 만들어 놓은 로돕신이 한꺼번에 분해되기 때문에 에너지가 많이 발생해서 그래.

이 과정이 비타민 A와 무슨 상관이 있냐고? 비타민 A를 다른 말로 레티놀retinol이라고 부르는데, 앞에 비슷한 물질이 있었지? 맞아 로돕신 합성에 필요한 레티날은 비타민 A가 변해서 만들어진 물질이야. 그러니 비타민 A가 부족하면 레티날 공급이 어렵게 되고, 재료가 없어 로돕신이 형성되지 않아 어두울 때 앞을 보기 어려운 거야.

비타민은 적은 양으로도 생리 작용을 돕는다고 했는데, 비타민을 많이 먹어도 될까? 답은 비타민의 종류에 따라 다르다는 거야. 비타민 알약을 하나 먹은 뒤 노란색 소변을 본 경험은 많이들 했을 거야. 비타민 B와 C는 수용성이라 물에 녹아서 필요 없는 비타민은 소변으로 배출돼. 배출되는 비타민 때문에 소변이 노란색으로 변한 거야. 하지만 지용성 비타민은 달라. 물과 기름이 섞이지 않는 것처럼 비타민 A와 D 등은 소변에 녹여 내보내지 못해서 쉽게 배출되지 않지. 비타민 A가 지나치게 많이 저장되면 독성으로 작용할 수도 있어. 그러니 음식으로 적절한 양을 섭취하는 것이 좋아.

비타민 B에는 여러 가지가 있어. B1, B2… 라고 숫자를 붙여 부르지. 가장 처음 발견된 것은 B1이야. 티아민 thiamine이라 불리는 비타민 B1이 부족하면 각기병에 걸려. 각기병은 스리랑카 원주민의 말로 '나는 할 수 없다. 나는 할 수 없다'라는 뜻이야. 각기병에 걸리면 다리 힘이 없어지고 저린 중상이 나타나 걷기가 힘들어져. 그래서 그런 이름이 붙은 거야. 이외에도 심장 기능도 저하되고 체중이 감소하며 무기력증도 나타나. 몸에서 비타민 B1은 유기 물질로부터 생기는 이산화탄소를 제거하는 데 사용되는 조효소야.

네덜란드의 의사 크리스티안 에이크만은 비타민 B1을 발견한 공로로 1929년 노벨 생리의학상을 받았어. 에이크만은 군의관으로 재직하던 중 각기병 증상을 보이는 닭들이 어느새 호전되는 것을 발견했어. 이를 보고 사람의 각기병을 치료할 수 있지 않을까 생각해서 조사를 시작했어. 조사 결과, 각기병 증세의 닭에게 현미를 먹인 후 상태가 호전된 것을 알았어. 이어서 사람들의 각기병 증상을 조사해 보니 최고 품질의 백미를 먹은 사람보다 현미를 먹은 죄수들이 각기병에 덜 걸리는 것으로 나타났지. 에이크만은 현미의 어떤 물질이 각기병 치료에 도움을 준다는 것을 알아채고, 바로 곡류에 들어 있는 비타민 B1의 존재를 알아낸 거야.

이후 비타민 B군은 계속 발견되었어. 비타민 B군은 B2(리보플라빈), B3(니아신), B5(판토텐산), B6(피리독신), B7(비오틴), B9(엽산), B12(코발라민)의 8종이 있고, 비타민 B군이 부족하면 입 주변이 갈라지거나 피로, 과민반응, 출생 기형 등의 질환이 생겨.

비타민 D는 햇볕을 쬐면 피부에서 생성되는 비타민이야. 물론 유제품이나 달걀로 섭취할 수도 있고. 비타민 D는 칼슘의 흡수 작용에 도움을 줘. 칼슘은 뼈를 구성하는 물질이지. 비타민 D가 부족하면 뼈 성장에 문제가 생겨. 구루병 환자의 엑스선 사진을 보면 뼈 성장에 문제가 생겨서 다리가 'O' 자 형태로 구부러진 것을 알 수 있어. 그래서 어릴 때 비타민 D가 부족하지 않도록 음식을 잘 섭취하고 햇빛도 많이 쬐는 게 좋아. 성인도 뼈가 약해질 수 있으니 너무 집 안에만 있는 것도 문제가 될 거야.

이 밖에도 견과류에 많이 들어 있는 비타민 E(토코페롤)는 부족할 경우 신경계 퇴화가 일어나고, 녹색 채소에 많이 있는 비타민 K(필로퀴논)는 혈액 응고에 중요한 역할을 해. 비타민은 적은 양이더라도 우리 몸의 생리 작용에 꼭 필요한 영양소야.

철을 먹는다고요?

이 글을 쓰고 있는 지금도 러시아-우크라이나 전쟁이 일어나고 있어. 러시아는 언제든 핵 공격을 할 수 있다면서 위협하는데, 이 때문에 유럽에서는 아이오딘iodine(요오드) 알약의 품귀 현상이 일어났다고 해. '품귀'는 물건을 구하기가 어려워진 상황을 말해. 핵 공격과 아이오딘 알약은 무슨 관계기에 유럽에서 아이오딘 알약의 품귀 현상이 일어났을까? 그건 무기질, 즉 미네랄mineral 때문이야. 무기질은 칼슘, 인, 철, 아이오딘 같은 물질로, 비타민과 마찬가지로 적은 양으로도 우리 몸의 생리 작용을 돕거나 몸을 구성해.

인슐린 호르몬이라는 말은 들어봤지? 호르몬은 여러 가지가 있는데 갑상샘에서 나오는 타이록신thyroxine이란 호르몬의 구성 성분에 아이오딘이 포함돼. 갑상샘은 목에 있는 방패 모양의 내분비샘이고, 타이록신은 물질 대사를 촉진하는 호르몬이야. 이 타이록신을 생성하려면 아이오딘이 필요해.

그럼 다시 아이오딘 알약으로 가보자. 핵폭탄이 터지면 여러 방사성 물질이 방출돼. 그중에 방사성 아이오딘이 있어. 그렇다면 핵폭발 지역에 있는 사람들은 타이록신을 만들기 위해 방사성 아이오딘을 흡수하게 되고, 방사성 아이오딘에서 나오는 방사능에 의해 갑상샘 세포들이 파괴될 거야. 그래서 사람들이 미리 아이오딘 알약을 구해 둔 거야. 아이오딘 알약을 섭취해서 정상적인 아이오딘을 미리 갑상샘에 공급해 주는 거지. 그러면 정상 아이오딘이 미리 자리를 잡아 방사성 아이오딘이 들어올 자리를 남겨 두지 않는 식의 예방법이야.

아이오딘은 해조류에 많이 들어 있어. 바다가 없는 나라의 사람들은 해조류를 섭취하지 못해 갑상샘 비대증에 걸릴 위험이 커. 아이오딘을 공급받지 못하면 타이록신을 만들지 못해. 몸에서 타이록신이 만들어지지 않으면, 어서 타이록신을 만들라고 뇌의 가운데 위치한 작은 내분비샘인 뇌하수체에서 갑상샘 자극 호르몬을 분비해. 그러다 보면 갑상샘이 계속 자극받아 점차 커지는 거지.

철(Fe)은 혈액에서 중요한 무기질이야. 철판, 쇠못 같은 철이 맞냐고? 맞아. 우리가 생각하는 그 철이야. 하지만 우리 몸에 있는 철은 이온 상태야. 우리가 마시는 생수에는 다양한 무기질이 들어 있어. 하지만 보이지는 않지. 이온이 된다는 것은 물에 녹아 있는 상태라고 생각하면 돼. 소금을 물에 녹이면 보이지 않지? 소금이 물에 녹으면 나트륨 이온과 염화 이온으로 분리되어 녹아 들어가. 소금도 중요한 무기질이야. 뒤에서 자세히 배울 거야. 아무튼 소금물에서 소금은 우리 눈에는 보이지 않지만 맛을 보면 분명히 짜. 이온이 녹아 들어가 있기 때문이야. 이처럼 철도 이온으로 되어 녹아 있어.

피가 나면 그저 붉게만 보이는데 이를 원심분리하면 붉은 혈구와 노란색 액체인 혈장으로 나뉘어. 혈구의 대부분은 적혈구야. 적혈구는 산소를 운반해 주는 역할을 해. 좀 더 자세히 살펴볼까? 적혈구에는 헤모글로빈이라는 단백질이 많이 들어 있는데, 이 헤모글로빈의 구성 성분으로 철 이온이 들어 있어. 철은 산소와 잘 결합하기 때문에 산소를 효율적으로 운반해 주는 역할을 할 수 있는 거야. 그래서 철분이 부족하면 빈혈에 걸릴 수 있어.

뼈 건강을 위해 칼슘(Ca)을 섭취하잖아. 칼슘은 뼈와 치아를 구성하는 주성분이야. 성장기에는 칼슘이 꼭 필요해. 칼슘이 부족하면 성장이 늦어지거나 뼈가 약해질 수 있어. 칼슘은 뼈를 구성하는 중요한 역할을 하지만 좀 더 작은 세포 속으로 들어가면 혈액 응고 과정에도 사용되고 신경과 근육의 기능에도 사용되는 중요한 원소야.

세상에 소금이 없으면 사람이 살 수 없다는 말 들어봤니? 소금의 화학명은 염화나트륨(NaCl)이야. 나트륨 이온과 염화 이온이 합쳐져 있는 물질이라는 뜻이지. 우리 몸은 70%가 물이라고 했지? 그렇다면 이 물은 맹물일까? 눈물을 맛본 적 있지? 짜다는 것을 알 수 있을 거야. 우리 몸의 체액은 소금물이야. 그럼 농도는 얼마일까? 바닷물이 3.5% 정도 되는데 우리 몸은 소금물의 농도가 0.9%야. 우리가 아플 때 흔히 병원에 가서 링거를 맞잖아. 링거 비닐을 자세히 살펴보면 "0.9% NaCl 수용액"이라고 써 있어. 몸속 소금물 농도랑 같은 거지. 소금은 우리 몸의 삼투압 조절에 중요한 역할을 해. 그리고 나트륨 이온과 염화 이온 그리고 칼륨(K) 이온까지 신경 전달에 굉장히 중요한 역할을 해.

우리가 엄지발가락을 구부려야지 생각하면 저절로 발가락이 구부러지는 것처럼 느껴지지만, 사실 그 안에는 뇌에서 내린 명령이 신경을 타고 전기 신호로 전달되는 과정이 있어. ᅵ나트륨, 칼륨, 염화 이온은 그 전기 신호를 만드는 이온들이야. 그러니 소금이 없다면 사람이 살 수 없다는 말이 맞아. 하지만 걱정도 있어. 요즘 사람들은 음식을 짜게 먹어서 소금 섭취량이 많은데, 소금을 많이 먹으면 우리 몸의 삼투 조절이 어렵고 혈압이 오르는 등 질병이 생길 수 있어.

이 외에도 인(P), 황(S)은 아미노산과 핵산의 구성 성분이고, 마그네슘(Mg), 플루오르(F), 크롬(Cr) 등 다양한 무기질이 우리 몸의 생리 작용을 도와. 다만 무기질은 과다하게 섭취하면 몸에 안 좋으니 하루 권장 섭취량을 맞춰 먹어야 해.

트랜스 지방, 금지해야 할까?

트랜스 지방이 혈관에 쌓이면 심혈관계 질환에 걸릴 확률이 높아진다고 알려져 있다.

찬성

국민 모두의 건강을 위해서 꼭 필요한 조치야.

반대

독극물도 아닌데, 나라에서 섭취를 제한하는 건 지나친 규제야.

생각 TIP

트랜스 지방은 주로 어떤 식품들로 섭취하게 될까?

식품의 트랜스 지방 함유량은 어떻게 확인할 수 있을까?

트랜스 지방 섭취를 제한하는 나라들은 어디인가?

심혈관계 질환의 원인에는 어떤 것들이 있을까?

찬성 근거

1) 세계보건기구(WHO)에 따르면, 트랜스 지방 사용을 금지하면 한 해 50만 명의 심혈관계 질환 사망자를 줄일 수 있어.

2) 드랜스 지방은 특히 튀김, 빵, 과자 등에 많이 들어 있어서 성장기 비만의 주범이야. 성장기 비만은 성인 비만으로 이어질 가능성이 높고, 어릴 때 식습관을 나중에 노력해서 바꾸기는 쉽지 않아.

반대 근거

1) 누구나 자기가 좋아하는 음식을 선택해서 먹을 자유가 있어. 몸에 안 좋다는 이유로 금지한다면, 술이나 담배부터 없애야 할 거야.

2) 심혈관계 질환의 원인은 고혈압, 흡연, 당뇨병, 운동 부족, 수면 부족, 유전 등으로 다양해. 생활 전체의 문제라서 트랜스 지방만을 금지한다고 해결될 일이 아니야.

2장

소화와 흡수의 비밀

#소화계   #기계적 소화   #화학적 소화

#위   #소장   #대장

담낭(쓸개)에 콜레스테롤이 쌓여
만들어진 담석

MEMO

'쓸개 빠진 놈'이라는 욕, 들어 봤어?

자기 생각 없이 이랬다 저랬다 하는 사람을

낮춰 부르던 표현이야.

근데 정말 쓸개가 빠져도 살 수 있을까?

정답은 OK!

쓸개 속에 돌이 많이 생겨서 아프면

아예 쓸개를 떼어 버리기도 하거든.

어서 오세요, 소화 기관입니다

앞에서 3대 영양소와 3부 영양소 그리고 핵산에 대해 배웠어. 탄수화물이 수백 개의 포도당이 결합되어 이루어져 있다는 것도 알았고. 그런데 중합체인 탄수화물은 어떻게 포도당으로 분해되는 것일까? 밥은 탄수화물이야. 밥을 손바닥에 놓고 비비면 손바닥 속으로 밥이 들어갈 수 있을까? 이상한 소리를 한다고? 극단적인 예시 같지만 손가락으로 물은 통과돼. 증거? 바닷물이나 목욕탕에 들어가 있으면 손가락에 주름이 지지? 이는 삼투압 때문에 물이 피부를 통과해서 그런 거야.

물은 분자의 크기가 작기 때문에 피부를 통과할 수 있어. 하지만 탄수화물, 단백질, 지방은 거대한 중합체이기 때문에 작은 단위체까지 분해해야 해. 그래야 세포를 통과해서 흡수할 수 있거든. 이처럼 우리 몸이 흡수할 수 있도록 영양소를 단위체까지 나누는 과정을 소화라고 해.

먼저 소화 기관을 알아보자. 우리가 음식을 입으로 씹어 삼키면 식도를 타고 위로 내려가. 위는 배의 윗부분에 있는 커다란 주머니야. 주름이 많이 져 있어서 2리터의 음식이 들어갈 수 있다고 해. 이건 일반적인 말이고. '먹방'을 하는 사람은 정말 많이 먹어. 한 번에 10kg 이상의 음식을 먹는 사람도 있는데 엑스레이를 찍어 보니 위가 배에 가득 차도록 늘어나 있었어. 정말 '위대한' 사람이라고 할 수 있네.

위에서 모든 음식을 다 소화하는 것은 아니야. 위는 주로 단백질 음식을 소화해. 위에서 죽처럼 된 음식물은 위의 아래쪽 통로인 십이지장으로 내려가. 십이지장은 위와 붙어 있는 소장의 윗부분이야. 길이는 약 25cm이고, 손가락 한 마디를 12개 정도 붙여 놓은 길이라고 해서 십이지장이라는 이름이 붙었대. 여기에 쓸개즙과 이자액이 분비되는 관이 있어.

소장은 주름이 많이 져 있고, 내부에 융털이라는 수많은 돌기가 있어. 길이는 6~7m 정도 되는데 이 길을 지나면서 음식물의 소화와 흡수가 모두 일어나. 마지막은 대장이야. 길이는 1.5m인데 물을 흡수하고 소화되지 않은 찌꺼기를 대변으로 만들어 내보내는 일을 해.

소화를 돕는 효소를 만드는 간, 이자, 쓸개도 소화 기

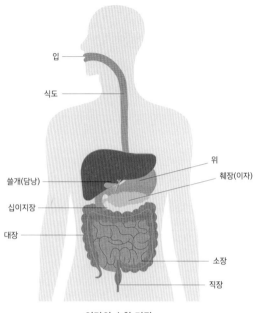

인간의 소화 기관

관에 포함돼. 간은 위 옆에 세모 모양으로 있어. 간은 가
장 큰 장기로 여러 가지 일을 하지만 소화와 관련해서는
쓸개즙을 만들어. 쓸개즙은 간 아래 녹색 주머니인 쓸개
에 모여 있어.

　췌장이라고도 불리는 이자는 위의 뒤쪽에 있는 길쭉
한 기관이야. 이자는 소화액뿐 아니라 호르몬도 분비하
는 중요한 기관이야.

소화는 크게 기계적 소화와 화학적 소화로 나눌 수 있어. 자, 맛있는 고기를 먹는다고 생각해 봐. 일단 고기를 열심히 씹겠지? 고기에서 베어 나오는 육즙은 우리를 행복하게 해줘. 음식을 씹는 것은 치아로 자르고 으깨서 크기를 작게 만드는 과정이야. 그래야 삼키기 좋으니까. 이를 물리적 소화 또는 기계적 소화라고 해. 기계적 소화에는 저작 운동, 연동 운동, 분절 운동이 있어.

저작 운동은 치아가 음식물을 작게 자르는 일을 말해. 연동 운동(꿈틀 운동)은 소화관이 차례차례 수축하면서 음식물을 뒤로 밀어내는 과정이야. 물구나무를 서서 음식을 삼키면 어떨까? 중력 때문에 음식물이 위로 가지 않을 것 같지? 하지만 식도가 파도처럼 차례차례 수축하면서 음식물을 위로 내려보내. 위험하니까 실제로 해보지는 말자. '누워서 떡 먹기'라는 말은 식도의 연동 운동 때문에 가능한 일이야. 분절 운동도 있어. 분절 운동은 음식물을 잘 반죽하고 섞는 운동이야. 위 안에서 음식물이 죽처럼 될 때까지 줄었다 늘었다, 수축과 이완을 반복해.

음식물의 크기도 작게 만들지만 소화액과 음식물을 섞는 역할을 해.

화학적 소화는 기계적 소화보다 더 작은 단위를 자르는 거야. 탄수화물을 포도당으로 잘라야 하는데 분자 수준의 포도당은 너무 작아. 그래서 치아나 위의 운동으로는 자를 수 없어. 당연히 효소를 사용해서 화학적으로 자르는 거야. 소화 효소는 일종의 화학 가위인데, 가위마다 자를 수 있는 영양소가 달라. 소화에는 다양한 소화 효소가 사용되니 찬찬히 알아보자.

입에서 나오는 침이 무얼까 생각해 봤니? 침에는 다양한 기능이 있어. 입안의 산을 중성화해 치아가 썩는 것을 막는가 하면, 침 속의 항균 물질이 세균을 죽이기도 해. 그리고 여기에는 화학적 가위인 소화 효소가 들어 있어. 바로 아밀레이스amylase야. 이 효소는 녹말을 작은 단위의 당으로 분해해. 예로 들면 탄수화물을 포도당이 2개 붙어 있는 엿당으로 분해할 수 있어. 밥을 한 숟갈 입에 넣고 계속 씹어 봐. 단맛이 느껴질 거야. 밥의 녹말이 엿당으로 분해되면서 단맛이 나는 거야. 혀를 움직여 음식물을 삼키면 식도로 내려가고 이제 음식물은 위에 도착하게 돼.

위에서 소화가 된 게 아니라고?

제목이 이상하지? 위에서 소화가 된 게 아니라니 말이야. 조금은 과장된 이야기지만 완전히 틀린 말은 아니야. 위에서는 탄수화물, 단백질, 지방의 3대 영양소 중 단백질만 소화되기 때문이야. 단백질조차 완전히 소화되지 않고 일부만 소화하기 때문에 제목을 이렇게 지어 봤어. 하지만 위에서 이루어지는 소화 작용은 전체 소화 작용의 준비 과정이기 때문에 중요하니 잘 이해해 보자.

우리 몸의 위에서는 세 가지 물질이 분비돼. 위 벽의 주세포에서는 펩시노젠pepsinogen이라는 효소, 부세포에서는 염산hydrochloric acid, 점액 세포에서는 뮤신mucin이라는 점액 물질을 분비해. 이 세 가지 물질의 기능을 알아보자.

부세포에서 분비되는 염산은 우리가 알고 있는 그 염산이 맞아. 염산은 강산성 물질이야. 왜 위에서는 위험한 물질인 염산이 분비될까? 우리가 음식을 먹으면 음식과 함께 수많은 세균이 몸속으로 들어와. 일반 세균들은 몸에 영향을 미치지 않지만, 여름철 식중독처럼 병을 일으키는 세균들도 있어. 이런 세균에게 염산은 핵폭탄이나 마찬가지야. 살균 작용을 하는 염산이 세균으로부터 우리 몸을 지켜 주는 거지. 염산에는 한 가지 기능이 더 있어. 주세포에서 분비되는 펩시노겐을 펩신이라는 물질로 활성화시켜 주지. 펩신은 화학적 가위 역할을 해. 단백질을 듬성듬성 자르는데, 이 듬성듬성 잘린 단백질을 폴리펩타이드polypeptide라고 해.

여기서 잠깐! 위 자체도 단백질인데 펩신에 의해 위가 소화되지는 않을까? 그래서 처음에는 펩시노겐이라는 활성화되지 않은 효소로 분비하는 거야. 위 세포 안에서 활성이 없는 펩시노겐을 만들고, 위로 분비하면 염산에 의해 활성이 있는 펩신으로 바뀌는 거야. 쉽게 설명하자면 가위 손잡이에 안전장치가 있어서 가위를 사용할 수 없는 상태가 펩시노겐이야. 염산은 이 안전장치를 제거해 주고, 이제 사용할 수 있는 가위인 펩신이 되는 것이지.

위는 일단 활성이 없는 펩시노겐을 만들어. 위의 주세포는 보호되겠지. 하지만 위벽은 안전할까? 그래서 세 번째 물질인 뮤신이 있는 거야. 뮤신은 위벽에 퍼져서 펩신과 염산으로부터 위벽 세포를 보호해 줘.

위벽은 피부와 같은 상피 세포야. 상피 세포는 재생

속도가 빨라. 위의 세포는 3일마다 재생된다고 생각하면 돼. 뜨거운 국물을 급하게 먹다가 입천장을 덴 경험이 다들 있을 거야. 하지만 피부의 상처와 다르게 금방 치료되지. 모두 상피 세포의 재생이 빨라서 그런 거야.

인간에게는 재앙이지만 재미있는 세균이 있어. 바로 헬리코박터 파일로리Helicobacter pylori야. 산에 저항성이 있는 이 균은 위벽에서 살면서 위벽에 궤양을 만드는 나쁜 세균이지. 사람으로 따지면 핵폭탄이 눈앞에서 터졌는데도 살아 있는 거야. 위벽에 우리 몸에 안 좋은 결과를 주니 좋지 않지만, 참 신기한 균이야.

자, 이제 위에서의 소화가 끝났어. 음식물의 종류에 따라 다르지만 2~6시간 후면 음식물이 죽처럼 변해 있어. 이를 유미즙이라고 하는데 염산 때문에 산성을 띠고 있어. 위에서 소화하는 중에 음식물이 식도나 십이지장으로 넘어가지 않도록 괄약근으로 꽉 잡고 있었는데 이제 십이지장으로 가는 통로를 조금씩 열어서 내보낼 거야. 유미즙은 강산성인 반면 소장에서는 약염기성 상태에서 소화가 잘되거든. 조금씩 유미즙을 내보내면서 약염기로 변화시켜야 해.

'쓸개 빠진 놈'의 진실

요즘 친구들은 잘 모르겠지만, 옛날에는 자기 기준 없이 이리저리 휩쓸리는 사람을 '쓸개 빠진 놈'이라고 불렀어. 말 그대로 해석해 보면 쓸개가 없다는 것인데, 쓸개가 없어도 살 수 있을까? 그건 차차 알아보자고.

이제 위에서 십이지장으로 내려온 유미즙을 살펴보자. 음식물이 죽처럼 소화된 듯이 보이지만, 위에서는 펩신에 의해 단백질만 일부 소화되었을 뿐이야. 침의 아밀레이스도 위 속의 강산성 상태에서는 작동하지 않아. 탄수화물, 단백질, 지방 모두 소화되지 않은 상태야. 이제 나머지 소화가 어떻게 이루어지는지 살펴보자.

앞에서 설명했듯이, 위와 연결된 소장의 윗부분은 십이지장이야. 십이지장으로는 이자(췌장)와 쓸개가 연결되어 이자액과 쓸개즙을 십이지장으로 분비해. 이자는 3대 영양소를 소화시키는 소화 효소뿐만 아니라 염기성 물질인 중탄산염도 분비해. 위에서 온 유미즙은 산성 상태이기 때문에 중탄산염이 중화시켜 약염기 상태로 만들어.

이자액에 있는 소화 효소는 아밀레이스, 트립신 trypsin, 카이모트립신chymotrypsin, 라이페이스lipase야. 아밀레이스는 탄수화물을 이당류인 엿당으로 분해하고, 트립신과 카이모트립신은 단백질을 소화시켜. 위에서 분비하는 펩신처럼 췌장 자체를 분해하면 안 되니 활성화되지 않은 트립시노젠trypsinogen, 카이모트립시노젠 chymotrypsinogen 상태로 분비되어 십이지장 내에서 활성화돼. 이들 효소는 단백질을 더 작은 펩타이드인 디펩타이드dipeptide, 트리펩타이드Tripeptide로 분해해. 펩타이드는 아미노산 하나하나까지 분해해야 하니 아직 단백질 소화는 끝나지 않았어. 지방은 라이페이스라는 효소가 담당해. 지방은 글리세롤, 지방산, 모노글리세리드 monoglyceride 같은 물질로 분해되어 소화가 완료되지.

십이지장으로 분비된 쓸개즙은 어떤 역할을 할까? 쓸개즙은 간에서 만들어져서 쓸개에 보관돼. 쓸개즙은 직접 소화하는 효소는 아니지만, 지방 소화를 돕는 윤활제 역할을 해. 직접 효소로 작용하지 않으니 쓸개즙이 없으면 지방 소화에 불편을 느끼지만 그렇다고 불가능하지는 않아.

종종 쓸개에 돌이 생기는 경우가 있는데, 이를 담석증이라고 해. 용종, 즉 암이 생길 때는 쓸개를 제거하기도 해. 일단 쓸개즙은 간에서 만드니 상관없지만, 지방을 소화하기가 쉽지 않으니 음식물을 섭취할 때 주의해야 할 거야. 자, 이제 '쓸개 빠진 놈'이라는 말이 소화와 관련해 성립하는 말이라는 것을 알 수 있어.

아직 소장에서 소화가 끝나지 않았어. 이자액에 의해 탄수화물은 이당류, 단백질은 작은 펩타이드로 분해되었지만, 아직 최종 산물인 포도당이나 아미노산으로 분해되지 않았잖아. 이들을 분해하는 효소는 소장에서 분비돼.

일단 소화가 남은 영양소를 보자. 탄수화물로는 이당류인 설탕, 젖당, 엿당이 남았어. 이는 소장에서 분비하는 수크레이스sucrase, 말테이스maltase, 락테이스lactase에 의해 단당류인 포도당, 과당, 갈락토스로 분해돼.

평소 우유를 못 먹는 사람 있지? 우유를 먹으면 소화가 되지 않고, 속이 더부룩하거나 심하면 설사를 하는 사람이 있을 거야. 원인은 이당류인 젖당을 분해하지 못하기 때문이야. 젖당 불내성이라 불리는 이 질환은 젖당 분

해 효소인 락테이스를 만들지 못하기 때문에 생겨. 아기나 어렸을 적에는 락테이스를 잘 만드는데 성인이 될수록 효소의 능력을 상실해. 그래서 최근에는 '소화가 잘되는 우유'라면서 젖당이 없는 우유를 팔기도 하지.

자, 이제 작은 단백질 조각인 디펩타이드, 트리펩타이드가 남았어. 이는 소장의 아미노펩티데이스aminopeptidase에 의해 최종 산물인 아미노산으로 분해돼. 이제 3대 영양소의 단위체까지 모두 분해하게 되었어. 흡수만 하면 되는 거야.

두 경로로 흡수하라

이렇게 3대 영양소는 모두 최종 산물인 단위체까지 분해되었어. 이제 분해된 영양소를 흡수할 거야. 영양소 흡수는 소장에서 일어나. 소장의 안쪽은 주름이 많은 구조로 되어 있어. 게다가 융털이라는 털이 배열되어 있지. 이는 표면적을 넓혀서 효율적으로 영양소를 흡수할 수 있게 해. 소장의 융털에는 흡수하는 경로가 두 가지가 있어. 바

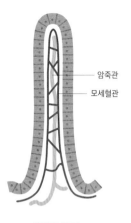

암죽관

모세혈관

융털의 구조

로 암죽관과 모세혈관이야.

융털의 가운데 암죽관이 있고, 이를 모세혈관이 둘러싸고 있어. 그럼 왜 경로를 두 가지로 해놓았을까?

물과 기름은 섞이지 않아. 모세혈관에는 혈액이 흐르고 혈액의 절반은 혈장이야. 소화된 단당류와 아미노산은 물과 친해서 모세혈관으로 흡수하지만, 지방을 분해한 글리세롤과 지방산은 물을 싫어해. 그래서 또 다른 경로인 암죽관이 있는 거야. 글리세롤과 지방산은 암죽관으로 흡수되어 림프관으로 이동해. 림프관으로 이동한 지방은 좌쇄골하정맥에서 다시 합쳐져 온몸으로 이동할 거야. 그리고 필요한 곳으로 보내 사용해.

자동이라 다행이야

궁금한 것이 있어. 음식을 먹으면 음식이 위로 넘어가. 그럼 위는 어떻게 알고 소화액들을 분비할까?

우리 몸을 조절하는 방법은 크게 두 가지가 있어. 바로 신경과 호르몬이야. 지금 엄지발가락을 구부려 봐. 여러분은 책을 읽으면서 엄지발가락을 구부렸어. 글자의 형태가 시신경을 통해 신호로 뇌에 전달되고, 뇌는 글자와 그 의미를 파악해서 다시 운동 신경을 통해 명령을 내려 발가락 근육을 수축해 구부린 거야. 허리를 다치면 하반신 마비 증상을 보일 수 있는데, 신호를 전달하는 신경이 손상되었기 때문이야. 이처럼 우리는 신경계를 통해 우리 몸을 조절할 수 있어.

다른 하나는 호르몬이야. 흔히 식사를 하면 혈당량이 증가해. 혈당량은 혈액 속의 포도당 농도를 말해. 포도당 농도가 지나치게 높으면 소변으로 그냥 배출될 수 있어. 맞아. 당뇨병이야. 그래서 우리는 혈당량을 일정하게 유지해야 해. 혈당량이 높아지면 인슐린이라는 호르몬이 분비되어 혈당량을 낮춰. 반대로 식사를 하지 못한 상태에서 운동을 하게 되면 혈당량이 낮아져서 글루카곤glucagon이라는, 혈당량을 높이는 호르몬을 분비해. 이렇게 호르몬으로 혈당량을 일정하게 유지하는 거지.

그럼 소화는 신경에 의해 일어날까, 호르몬에 의해 일어날까? 과학자들은 실험을 해봤어. 조금은 잔인해 보이지만 이것을 알아보는 실험은 이랬어. 강아지 두 마리의 혈관을 연결했어. 호르몬은 혈관을 통해 이동하기 때문이야. 한 강아지가 밥을 먹었더니 밥을 먹지 않은 강아지에게서도 위액이 분비되었어. 이는 혈액을 통해 위액 분비를 촉진하는 호르몬이 전달되었기 때문이야.

위액 분비를 촉진하는 호르몬의 이름은 가스트린gastrin이야. 위의 G세포라는 곳에서 만들어 혈액으로 분비돼. 이와 마찬가지로 이자액도 호르몬에 의해 촉진되는데 이름은 세크레틴secretin이야. 십이지장에서 분비되는 호르몬이지. 혈액으로 분비된 세크레틴이 온몸을 돌아 이자에 도달하면 이자액 분비를 촉진하는 거야.

왜 소화 기관은 발가락을 구부리는 것처럼 신경으로 조절하지 않을까? 호르몬은 신경에 비해 비교적 느리고 오랫동안 작용해. 우리는 음식을 먹지만, 매번 같은 음식을 먹지 않아. 어떤 음식은 소화하는 데 좀 더 오래 걸릴 수도 있어. 튀김 같은 음식은 더 오랫동안 위에서 소화를 시켜야 해. 또 강산성인 유미즙을 조금씩 십이지장으로 내보내서 약염기로 만들어야 하는 과정도 있어. 소화는 음식의 양에 따라 조금씩 느리게 작동해. 이런 작용에는 일시적이고 빠르게 작용하는 신경보다 비교적 느리지만 오랫동안 작용하는 호르몬이 제격일 거야. 이런 작용이 모두 자동으로 일어나다니 참 다행이야.

대장에 누가 산다고?

큰창자라고 불리는 대장은 배의 오른쪽에서 위로 올라간 후 배를 가로지르고 다시 왼쪽에서 내려와 항문으로 가는 형태로 되어 있어. 우리는 대장이 수분을 흡수하는 기능을 한다고 알고 있어. 틀린 말은 아니지만, 수분을 가장 많이 흡수하는 곳은 소장이야.

사람은 하루에 1.5리터의 물을 마시지만, 더 많은 물을 위나 장 소화액의 형태로 내보내. 침, 위액, 이자액 등 효소의 대부분이기 물이기 때문이야. 이렇게 나간 수분의 대부분은 소장에서 흡수해. 소장은 하루에 무려 5리터 이상의 물을 흡수하고 있어. 대장으로 오는 수분은 1.5~2리터인데 대부분 우리 몸에 흡수되고, 대변으로 나가는 것은 200밀리리터 정도야.

대장균이라고 들어 봤니? 오염된 곳에 서식하는 대장균은 우리의 대장에도 있어. 대장에는 많은 수의 세균이 있어. 그 수는 무려 10^{14}마리라고 해. 사람의 세포가 10^{13}개 정도 된다니 대장에 사는 세균 수가 사람 세포 수의 10배나 되는 셈이야. 이렇게 장에 사는 미생물들을 장내 미생물이라고 해. 사실 우리와 장내 미생물은 공생 관계에 있어. 서로 이익을 주고받는 거지. 우리는 미생물에게 영양소를 제공해 주고, 미생물은 여러 가지 이익을 줘.

미생물은 출산 중에 아기에게 침입해서 군집을 만들어. 어렸을 적에 장내 미생물 상이 결정되는 것이지. 이 미생물들은 면역 체계를 발달하게 해. 농장에서 자란 아이

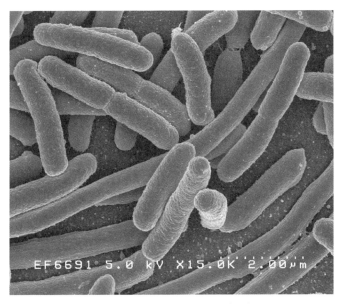

전자현미경으로 확대해 본 대장균의 모습

들에게 다양한 장내 미생물이 있고 알레르기에 강하다는 연구 결과도 있어. 또 미생물의 종류만으로 비만인지 마른 사람인지도 알 수 있대. 이를 통해 미생물이 비만과 당뇨 등에 영향을 미친다는 사실을 간접적으로 알 수 있지.

　　장내 미생물은 셀룰로스 같은 초식동물이 먹는 영양소를 분해해 짧은 지방의 형태로 장에서 흡수할 수 있어. 이런 짧은 지방산은 뇌에 작용해 호르몬 체계에 영향을 주고, 체중 감소를 촉진할 수도 있으며, 대장의 운동 촉진으로 배변 활동에 도움을 주기도 해.

장내 미생물이 불균형해 매일 설사를 하는 사람도 있고, 변비가 걸리는 사람도 있어. 세균은 병을 일으켜 나쁜 것으로만 알고 있는 사람이 많은데, 사실 세균은 우리의 건강에 꼭 필요해.

영양소 알약이 개발된다면?

만약 미래에 과학기술이 더더욱 발전하여, 음식을 아예 먹지 않고 알약만 먹어도 살 수 있는 시대가 온다면 어떨까?

찬성

인류를 굶주림에서 구할 수 있는 대단한 기술이야.

반대

사람은 영양소만으로 살 수 없어. 목숨을 유지할 수 있을 뿐 전혀 행복하지 않을 거야.

생각 TIP

과학기술의 발전이 오히려 해가 된 사례가 있을까?

전 세계에 굶주리는 인구는 얼마나 될까?

그러한 알약이 사람들에게 공평하게 돌아갈 수 있을까?

우리가 음식을 먹는 이유로는 어떤 것들이 있을까?

찬성 근거

1) 식량농업기구(FAO) 등 유엔 5개 기관에 따르면, 2023 년 기준 전 세계에서 7억 명이 넘는 사람들이 굶주림으로 고통받았어. 무려 11명 중 1명꼴이지.

2) 장애나 질병 때문에 음식을 제대로 즐길 수 없는 사람들이 많아. 모든 사람이 똑같이 알약을 먹고 살아간다면 더 공평한 세상이 될 거야.

반대 근거

1) 그런 알약이라면 분명 음식보다 훨씬 더 비쌀 거야. 결국 이미 돈이 많은 사람들의 간식거리 정도가 될 거 같아.

2) 우리가 음식을 먹는 이유는 단지 영양소를 섭취하기 위해서만이 아니야. 음식은 그 자체로 중요한 문화이고 삶의 큰 부분이니까 약 하나로 대체할 수 없어.

3장

유전자 '변형'이 아니라 '편집'!

#유전자 변형 생물   #유전자 변형 식품   #GMO

#유전자 편집   #유전자 가위

유전자 편집을 가장 먼저

승인받았던 식품, 토마토

유전자를 재조합해 만든 식품을

GMO라고 하는 것 알지?

세계 최초로 승인받은 GMO는 토마토였어.

쉽게 무르는 단점을 개선하기 위해

유전자를 편집한 토마토 ,

'플레이버 세이버'가 탄생한 거야.

그런데 잘 팔리지 않아서 실패했대.

왜냐고? 단단하긴 하지만 맛이 없었다나.

GMO란?

앞에서 핵산이라는 영양소에 대해 잠깐 언급했지? 핵산은 DNA와 RNA를 이루는 영양소야. DNA는 유전자로, 생물을 만드는 모든 정보가 여기 들어 있어. 세포는 유전자의 정보에 따라 단백질을 만들고, 여기서 외형이나 모양, 성질 등이 결정돼.

간단한 예를 들어 설명해 볼게. 사람의 혈액형은 네가지야. A형, B형, O형, AB형이지. 혈액형은 적혈구 표면에 있는 '당' 성분에 의해 결정되는데, 이 당을 만드는 정보가 DNA에 들어 있는 거야.

우리는 부모에게 유전자를 전달받았기 때문에 부모를 닮아. 혈액형 유전 방식을 여기서 설명하기는 어렵지만, 부모의 혈액형을 알고 있다면 앞으로 태어날 자녀의 혈액형을 예상할 수 있어. 유전자에 의해 쌍꺼풀도 생기고, 혀 말기도 되고, 키와 몸무게도 결정돼. 그럼 인간의 유전자는 얼마나 많을까? 인간 게놈(유전체) 프로젝트에 의해 밝혀진 인간의 유전자는 약 2만 1,000개야. 앞에서 말했던 외형뿐만 아니라 위에서 분비되는 소화 효소인 펩신, 트립신, 라이페이스, 호르몬인 인슐린, 글루카곤 모두 유전자에 의해 결정되는 거야.

다른 생물도 마찬가지야. 완두콩을 이용해 유전 연구를 한 오스트리아의 식물학자 그레고어 멘델을 생각해 보자. 완두콩의 색깔은 노란색과 초록색 두 가지야. 물론 유전자에 의해 결정돼. 모양이 둥근 것이 있고, 주름진 것이 있어. 마찬가지로 유전자에 의해 결정돼. 멘델은 모양과 색이 다른 완두콩들을 이용해 자신의 이름을 딴 '멘델의 유전 법칙'을 발견했어. 그러니까 생물 종마다 그 생물이 가지고 있는 유전자가 외형이나 성질 등 모든 것을 결정하고 만드는 것이라고 결론을 낼 수 있어.

그렇다면 궁금한 것이 있어. 생물은 다른 생물의 유전자를 가질 수 있을까? 다른 생물의 유전자를 가질 수 있다면 다른 생물의 특징이나 기관을 가질 수도 있을 텐데 말이야.

이 말은 예전에 상상만 하던 일이 현실에 일어날 수 있다는 거야. 사람이 말의 심장을 가지면 어떨까 생각해 봤어? 그렇다면 튼튼한 심장으로 오랫동안 달릴 수 있을 거야. 또 토마토와 감자를 합성해 뿌리에서는 감자가 열리고, 잎에서는 토마토가 열리면 어떨까? 어쩌면 식량 문제를 해결할 수도 있을 거야.

결론을 먼저 말하자면 이미 연구되고 만들어지고 있다고 할 수 있어. 과학 기술이 발달하면서 우리는 특정 생물의 유전자를 다른 생물에게 주입할 수 있게 되었어. 생물이 원래 가지고 있던 유전자가 아닌 다른 유전자를 가진 것을 '유전자 변형 농수산물Genetically Modified Organism(GMO)'이라고 해. 미국 농무부에서는 "특정 목적을 위해 식물이나 동물을 유전공학 기술이나 다른 전통적인 방법을 이용해서 유전 가능한 방식으로 개선한 생산품"이라고 정의하지.

2023년 미승인 LMO 주키니 호박이 유통되어 사회가 떠들썩한 적이 있어. 정부는 해당 호박으로 만든 제품을 모두 회수했고, 피해 농가는 검역을 잘못한 정부에 피해 보상을 요구했어. 앞에서 유전자 변형 농수산물을 GMO라고 했는데 이 호박은 왜 LMO라고 할까?

먼저 LMO가 무언지 알아보자. LMO는 '유전자 변형 생물Living Modified Organism'의 약자인데, 생명공학 기술로 새롭게 조합된 유전자를 가진 생물체를 말해. 결론을 말하자면 GMO는 식품이야. 유전자 변형 콩이 LMO라면 그 콩으로 만든 두부는 GMO라고 할 수 있지.

앞으로 GMO를 만드는 기술과 현재 만들어지고 유통되는 GMO 식품을 알아볼 텐데, 용어를 잘 선택할 필요가 있어. 유전자 '조작' 식품, 유전자 '변형' 식품이라고 말하면 뭔가 거부감이 느껴져. 돌연변이나 괴물이 만들어진 것만 같아. 이런 이상한 식품을 먹는다니 당연히 거부감이 들 수밖에 없지. 하지만 유전자 '편집' 식품이라고 하면 어떨까? 조작이나 변형이라는 표현보다는 거부감이 덜하지?

유전자 연구는 연구자의 도덕성이 매우 중요한 부분을 차지해. 인류의 식량 문제 해결 같은 전 지구적 복지를 위해 유전자를 연구해야지, 사람을 죽이는 괴생명체를 만들려고 유전자를 연구해서는 안 돼. 당연히 좋은 의미의 연구를 위해서 유전자 편집이라는 용어를 사용할게.

1865년 그레고어 멘델이 유전 법칙을 발견하고, 1953년
제임스 왓슨과 프랜시스 크릭이 DNA의 3차원적 구조에
대한 논문을 발표했어. 그리고 2003년 인간 게놈 프로젝
트에 의해 인간의 모든 유전사 분석이 끝났지.

　유전자 분석은 비교적 최근에 일어났는데, GMO는
언제 만들어졌을까? 한 생물에 다른 생물의 유전자를 도
입한 것을 GMO라고 한다면, GMO가 만들어진 것은 오

테오신트, 테오신트 옥수수 잡종, 옥수수

래전이라고 할 수 있어.

5,300여 년 전 멕시코에는 옥수수인 테오신트teosinte
가 있었다고 해. 그 옥수수는 지금 우리가 먹는 옥수수가
아니라 옥수수의 조상쯤 될 거야. 옥수수의 조상 테오신
트는 볼품이 없고, 옥수수라기보다 강아지풀에 가깝게
생겼어. 하지만 유전자 분석을 통해 이 테오신트가 옥수
수의 조상인 것을 알게 되었지. 테오신트는 자연적으로
돌연변이를 일으켜 변종이 생겼어.

콜럼버스가 신대륙에 도착했을 때, 인디언들은 이미
많은 종의 옥수수를 키우고 있었다고 해. 옥수수가 주요
식량이니 인위적인 교잡을 통해 점차 옥수수를 개량했을
거야. 지금의 옥수수는 그 옛날 테오신트와 유전자가 많
이 다르니 지금의 옥수수도 엄밀히 따지자면 GMO에 해
당해.

우리나라 제주도의 특산물인 귤을 생각해 보자. 제
주도에는 한라봉, 천혜향, 레드향 같은 다양한 감귤이 있
어. 한라봉은 청견(밀감)과 병감(인도 중부가 원산진인 품종)
을 교배해 만든 품종이고, 천혜향은 청견과 머콧(미국 플
로리다 농업연구소에서 만뜬 품종)을 교배했고, 레드향은 서

지향에 병감의 꽃가루를 교배해 만든 새로운 품종이야.

귤과 비슷한 종들을 교배해 서로의 장점을 가진 개체를 만든 거지. 인위적으로 유전자 수준에서 바꾼 것이 아니라 교배를 통해 개량했기에 옥수수처럼 거부감이 들지 않아. 한라봉, 천혜향을 GMO라고 부르기에는 뭔가 인위적인 생물이 아닌 것 같고, 유전자를 직접 조작했다는 느낌이 없어서 먹을 때 별로 걱정되지 않는 거야.

흔히 GMO라고 하면 실험실에서 유전자를 자르고 합쳐서 만든 이상한 생물이라고 생각하곤 해.《프랑켄슈타인》이라는 소설도 생각나고 말이야. 우리가 걱정하는 GMO는 생물에게 인위적으로 외부 DNA를 원래 생물의 유전체에 넣은 식품이라고 생각할 수 있어. 그럼 어떻게 눈에 보이지도 않는 DNA를 생물의 유전체 속에 넣을 수 있을까? 바로 유전자 재조합 기술로 할 수 있어. 유전자 재조합 기술은 당뇨병 치료로 거슬러 올라가야 해.

당뇨병은 췌장에서 인슐린이 정상적으로 분비되지 않아 생기는 질병이야. 어린아이들이 선천적 당뇨병에 걸리면 오래 살기 힘들지. 그래서 1920년대에 미국의 프레더릭 벤팅이라는 의사가 동료와 함께 개의 이자(췌장)

에서 인슐린을 추출해 당뇨병을 치료하는 데 성공했어. 이 공로로 벤팅은 1923년에 최연소로 노벨 생리의학상을 받았지. 하지만 개에게 인슐린을 추출하는 것은 쉽지도 않았고, 양도 많지 않아서 모든 환자를 치료하기는 어려웠어.

시간이 흘러 과학자들은 인슐린의 아미노산 서열을 밝혀내고, 이에 대한 DNA의 유전 부호도 알아냈어. 인슐린을 만들어 내는 유전자인 DNA의 염기 서열을 알았으

1923년에 《타임》 표지를 장식한 프레더릭 벤팅

니 인슐린을 외부에서 생산할 수 있다고 생각한 거야. 과학자들이 생각한 생물은 대장균이야. 사람의 인슐린 유전자를 잘라서 대장균의 유전체에 넣는다면 대장균은 DNA의 명령에 따라 인슐린을 생산할 거야. 하지만 눈에 보이지도 않는 유전자를 어떻게 자를까?

과학기술이 발달하면시 과학자들은 제한 효소라는 DNA 전용 가위를 발견했어. 제한 효소는 DNA의 특정 부위를 인식해서 자르는 기능을 해. 제한 효소마다 인식하는 DNA 부위가 달라서 원하는 부위의 가위를 찾으면 DNA를 자를 수 있었어. 자르는 가위만 있다면 제아무리 DNA에 숨어 있어도 소용없지. DNA를 다시 붙일 수도 있어야 해서 과학자들은 풀도 찾아냈어. 풀 역할을 하는 것이 DNA 연결 효소야.

자, 이제 준비가 되었어. 인슐린 유전자를 자를 수 있는 제한 효소로 인슐린 유전자 부분을 잘라 낸 후 대장균의 플라스미드plasmid(원형 DNA)에 넣고, DNA 연결 효소로 붙이는 거야. 그렇게 플라스미드 안에 인슐린 유전자가 들어 있는 유전자 재조합 플라스미드를 만들었어. 이를 다시 대장균에 넣어 주면 대장균은 인슐린 유전자 때문에 인슐린을 생산하게 될 거야.

　당뇨병은 벤팅이 개의 췌장에서 처음 인슐린을 추출했을 때보다 무서운 질병으로 느껴지지 않아. 치료제인 인슐린을 저렴하게 구할 수 있기 때문이지. 이처럼 유전공학 기술은 인간의 난치병 치료에 이용할 수 있어.

　유전자 재조합 기술은 많은 것을 해결할 수 있어. 지금도 제3세계에서는 굶어 죽는 사람들이 많아. 그럼 유전자 재조합 기술로 식량 생산을 늘릴 수 있지 않을까? 인간에게 필요한 더 많은 영양소를 공급할 수 있지 않을까?

　이런 생각을 할 수도 있어. 만약 콩 생산을 늘리고 싶어. 하지만 벌레가 콩잎을 계속 갉아 먹어서 콩 생산이 늘지 않아. 그럼 곤충이 싫어하는 냄새가 나도록 콩의 유전자를 바꾸면 되지 않을까? 어떤 풀은 곤충이 갉아 먹지 않는데, 이상한 냄새가 나기 때문이야. 이 풀에서 냄새를 만드는 유전자를 잘라 콩의 유전체에 넣는 거야. 앞에서 봤던 유전자 재조합 기술을 사용하는 거지. 그렇다면 재조합된 유전자에 의해 콩잎에서도 곤충이 싫어하는 냄새가 날 것이고, 곤충이 콩잎을 먹지 않아 콩의 생산량을 늘릴 수 있겠지.

그렇게 좋은 기술인데 왜 안 하냐고? 걱정 마. 이미 하고 있으니까.

유전자 편집의 신기술 크리스퍼

DNA의 특정 서열을 읽어 자르는 제한 효소는 미국의 생물학자 허버트 보이어가 1972년에 최초로 발견했어. 이후 1973년 유전자 재조합 기술을 이용해 유전자 재조합 대장균을 만들었고, 1982년 미국에서 재조합 대장균에서 만든 인슐린의 판매를 허가받아서 당뇨병 치료에 사용했어.

처음 유전자 재조합을 연구한 1982년 이후 거의 40년이 지났어. 과학 기술의 발달 속도로 생각하면 아주 옛날이야. 40년 전 기술인 유전자 재조합 방법은 이제 별로 활용성이 없는 구식이 되었어. 왜 구식이냐고? 제한 효소는 4~8 염기를 읽었는데 인간의 전체 염기는 32억 쌍이나 있기 때문이야. 염기는 네 종류이기 때문에 수학적으로는 똑같은 염기 서열이 수만 개가 있을 수 있어. 이게 무슨 말이냐고? 인간의 DNA에 제한 효소를 넣으면 수만 조각으로 잘린다는 것이지. DNA가 수만 조각으로 잘린다면 그 세포는 죽는 거야. 유전자 재조합 기술을 함부로 사용할 수 없는 단점이지. 그럼 지금은 어떨까? 다른 유전자 기술이 나왔을까?

2020년 미국의 생화학자 제니퍼 다우드나와 프랑스의 에마뉘엘 샤르팡티에는 크리스퍼 캐스9CRISPR-cas9이라는 기술을 개발한 공로로 노벨 화학상을 받았어. 크리스퍼 캐스9은 아주 정교한 유전자 가위야. 제한 효소와 다르게 DNA 염기 1개도 편집할 수 있어. DNA를 조각 내지 않고 특정 유전자를 편집할 수 있다는 말이지. 크리스퍼 유전자 가위를 이용하면 원하는 무엇이든 할 수 있어. 최신 기술이니 크리스퍼에 대해 조금만 알아보자.

크리스퍼(CRISPR)는 1987년에 세균에서 발견된 독특한 DNA 염기 서열이야. CRISPR는 '규칙적인 간격

크리스퍼 서열의 모형

으로 분포하는 짧은 회문 구조의 DNA 염기 반복 서열 Clustered Regularly Interspaced Short Palindromic Repeats'의 줄임말이야. 어려운 내용은 건너뛰고 앞쪽의 그림을 같이 보자.

앞뒤로 반복하는 회문 서열 DNA 사이에 특별하지 않은 DNA가 끼워져 있었어. 처음에는 이게 뭔지는 몰랐지. 크리스퍼 서열은 세균에서 발견된다고 했지? 우리가 세균에 감염되는 것처럼 세균도 더 작은 바이러스에 감염돼. 박테리오파지가 세균 표면에 붙은 사진을 봐봐. 박테리오파지는 자신의 DNA를 세균 안으로 넣어. 그럼 세균 안에서 파지의 DNA가 발현되고, 세포 안에서는 많은 수의 박테리오파지가 만들어지는 거야. 결국 세균을 파괴하고 많은 수의 파지가 밖으로 나오는 것이지.

파지에 감염되면 세균은 죽을 수밖에 없어. 사람은 세균에 감염되면 면역 작용을 해서 세균을 물리치잖아. 그런데 세균은 왜 바이러스에 의해 속절없이 죽어야만 할까? 혹시 세균이 바이러스를 물리치는 과정이 있지는 않을까?

요구르트 회사도 이 문제가 골치였어. 요구르트는 몸에 유익한 유산균을 이용해서 만드는데, 바이러스에

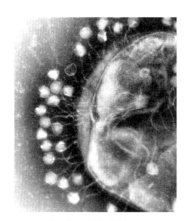

세균에 붙은 박테리오파지

감염되면 요구르트 생산을 모두 망치기 때문이야. 이를 위해 과학자들은 다음과 같은 연구를 했어.

　요구르트 회사의 과학자들은 일부러 유산균에 바이러스인 박테리오파지를 감염시켰어. 대부분의 유산균이 파지에 감염되어 죽었지만 아주 일부가 살아남았어. 이 세균들은 어떻게 살아남을 수 있었을까? 살아남은 세균을 살펴보니 DNA를 자르는 제한 효소처럼 캐스9이라는 유전자 가위를 가지고 있었어. 유전자 가위인 캐스9이 침입한 파지의 DNA를 잘라서 감염을 막았던 거야. 여기서 궁금한 것이 있어. 캐스9은 지능이 없어. 따라서 DNA를 마구 잘라 낼 거야. 그렇다면 자신의 DNA를 잘라 버릴 수도 있었지. 그렇다면 살아남은 세균의 캐스9은 어떻게 자신의 DNA는 피하고 파지의 DNA만 자를 수 있었을까?

그 해답은 크리스퍼 서열에 있었어. 크리스퍼 유전자의 비반복 서열은 사실 박테리오파지의 DNA였어. 원래 파지의 DNA인 비반복 서열을 가지고 있었기에 파지의 DNA를 인식하고 캐스9이 파지의 DNA만 골라서 잘라 버린 거야. 제니퍼 다우드나와 에마뉘엘 샤르팡티에는 비반복 서열을 의도적으로 만들고 캐스9 효소를 붙여 정밀한 크리스퍼 유전자 가위를 만들 수 있었던 거야.

이게 얼마나 대단한 기술이냐면 1장에서 낫적혈구 빈혈에 대해 설명했지? 적혈구의 모양이 달라서 심한 빈혈이 걸리는 병. DNA를 복제할 때, 타이민이 아데닌으로 돌연변이가 일어나서 생긴 유전병이야.

우리나라에는 거의 없지만 아프리카에는 낫적혈구 빈혈 유전자 빈도가 20%인 곳도 있어. 그만큼 이 유전병을 가진 사람이 많아. 이들은 목숨이 위태로울 정도로 빈혈이 심해. 이 질병은 돌연변이 유전자 때문에 생기는 것이라 치료를 할 수 없었어. 크리스퍼 유전자 가위가 발견되기 전까지는 말이야. 크리스퍼-캐스9은 이런 유전병을 치료할 수 있는 길이 된 거야.

원리를 볼까? 적혈구는 골수 세포에서 계속 만들어 내니까 골수 세포의 돌연변이가 된 아데닌을 크리스퍼-캐스9으로 정밀하게 잘라 버리고 타이민으로 바꾸는 거야. 그러면 편집된 골수 세포는 낫 모양 적혈구가 아닌 정상 적혈구를 계속 만들어 낼 거야.

이처럼 크리스퍼 유전자 가위는 유전자를 정밀하게 편집할 수 있어. 이제 우리 책의 주요 내용인 영양소로 가 보자. 유전자를 편집한다면 콩 생산을 늘릴 수도 있고, 무르지 않고 오래 보관할 수 있는 토마토를 만들 수도 있으며, 성장이 빠른 슈퍼 연어를 만들 수도 있어. 이제 유전자 편집을 통해 식량 생산을 늘리는 방법을 자세히 알아 보자.

최초의 식물 GMO는?

이제 유전자 편집으로 만들어진 식품을 알아보자. 바꿔 말해서 GMO를 알아보자는 거야. '토마토' 하면 생각나는 것이 뭐야? 방울토마토, 대저토마토, 토마토 케첩 등등이지? 맞아. 지금 학생들은 잘 모르겠지만, 10여 년 전만 해도 '토마토' 하면 커다랗고 빨간 토마토뿐이었어. 그때의 토마토는 굉장히 무른 '과일'이었어. 토마토가 과일이냐, 채소냐를 두고 논란이 계속되고 미국에서는 재판까지 열렸지만, 여기서는 과일이라고 부를게.

왜 토마토 이야기를 하냐고? 바로 최초로 승인된 GMO 식품이 플레이버 세이버flavor savor라는 토마토였기 때문이야. 빨간 토마토는 시큼하고 과육이 물러 조금만 지나도 쉽게 무르고 터져 버렸어. 그래서 농장에서 토마토를 따서 소비자에게로 보내는 유통이 힘들었지. 유통 과정에서 모두 물러져 상품성이 떨어졌기 때문이야. 토마토 회사에서는 아직 익지 않은 초록색 토마토를 따서 운반하고, 에틸렌이라는 호르몬을 통해 강제로 익혀 버렸지. 현대의 바나나도 마찬가지야. 노란 바나나도 금방

익어 버리는 단점 때문에 완전히 익지 않은 초록색 바나나를 따서 호르몬으로 강제로 익히는 거야.

이런 토마토에는 치명적인 단점이 있었어. 나무에 매달려 자연히 익은 토마토보다 맛이 없다는 것이지. 미국의 칼젠이라는 농업 회사는 이런 토마토의 문제를 연구했어. 어떻게 하면 토마토가 쉽게 무르지 않을까 연구했지. 토마토가 무르는 이유는 토마토에서 만드는 세포벽 분해 효소가 토마토의 세포벽을 분해하기 때문이었어. 효소는 단백질로 이루어져 있어. 물론 이 단백질은 유전자에 담겨 있는 정보를 통해 만들어졌지.

연구원들은 생각했어. 이 분해 효소를 없애 버리면 토마토가 쉽게 무르지 않는다고 말이야. 그래서 유전공학을 이용해서 이 효소를 만드는 유전자를 편집했지. 편집된 유전자는 분해 효소를 만들지 못했고, 토마토는 쉽게 무르지 않게 되었어. 그렇게 맛과 향을 오래 간직한다는 뜻의 플레이버 세이버라는 유전자 편집 토마토가 탄생했고, 미국 식품의약국(FDA)의 철저한 검증을 통과해 1994년에 식품으로 정식 허가를 받았지.

회사에서는 대용량 보관이 가능하다는 이유로 플레

이버 세이버를 일반 토마토보다 두 배나 비싸게 시장에 내놨어. 처음에는 무르지 않는 토마토가 인기를 끌고 사람들의 선택을 받았지. 하지만 이는 오래가지 않았어. 사람들은 다시 쉽게 무르는 토마토를 선택한 거야. 이유는 이름과 다르게 맛이 없어서였어. 토마토는 품종이 여럿 있었는데, 칼젠은 사람들이 생과일로 즐겨 먹는 토마토가 아닌 케첩을 만드는 품종을 GMO로 만들었던 거야.

칼젠은 다시 사람들이 선호하는 토마토를 이용해 GMO를 만들었지만, 어디서부터 시작되었는지 몰라도 GMO가 '프랑켄-푸드Franken-food'라고 불리기 시작했어. 소설에서 인조인간 괴물을 창조한 프랑켄슈타인 박사의 이름과 음식을 뜻하는 food의 합성어를 만든 거야. 유전자 조작 식품이라는 이미지가 나쁘게 작용한 것이지. 유전자 조작 콩으로 만든 두부를 먹으라면 쉽게 먹을 수 있는 사람이 얼마나 되겠어? 유전자 조작 두부와 일반 두부 중에서 선택하라고 하면 당연히 일반 두부를 선택할 거야. 그렇게 1996년 플레이버 세이버 생산은 중지되었어. 비록 플레이버 세이버는 실패했지만, 유전공학으로 식품을 바꾸는 최초의 시도로 이해했으면 좋겠어.

최초의 동물 GMO는?

최초의 식물 GMO는 토마토였어. 식물은 유전체의 전체 세트가 변해도 큰 문제가 없었어. 식물은 그렇게 개량되었지. 앞에서 설명한 한라봉, 천혜향도 그렇게 개량된 거야. 그리고 씨 없는 수박 역시 유전체의 세트를 바꿔서 씨앗을 만들지 못한 거야. 하지만 동물은 그렇지 못해. 유전체의 염색체 1개에만 문제가 생겨도 태어나지도 못하지. 태어나더라도 정상적인 생활을 못 하고. 그래서 GMO는 주로 식물이었어. 그럼 최초의 동물 GMO는 무엇일까? 바로 연어야.

우리나라는 세계적인 수산물 소비국이야. 주황빛 연어회는 사람들의 입맛을 사로잡아 수입이 매우 늘었어. 우리나라는 연어의 90% 이상을 수입하는데, 2018년 약 3만 8,000톤에서 2021년 약 6만 2,000톤으로 60% 이상 수입량이 증가했어. 그만큼 수산물과 연어를 사랑하는 나라지.

그런데 GMO 연어라니 생소하지? GMO 연어는 1989년 미국의 생명공학 회사이자 어류 양식 회사인 아쿠아 바

일반 연어와 아쿠아 어드밴티지 연어

운티 테크놀로지에서 만들었어. 생장 호르몬 유전자를
변형시킨 이 연어의 이름은 '아쿠아 어드밴티지 연어
AquAdvantage salmon'야.

이 연어가 어떻게 만들어졌는지 살펴볼까? 사람의
뇌 가운데에는 뇌하수체라는 기관이 있어. 이곳에서 생
장 호르몬을 만들어서 분비해. 이름 그대로 우리의 생장
을 돕는 호르몬이라 키를 크게 하는 데 영향을 미쳐. 뇌에
종양이 생겨 뇌하수체를 자극하면 생장 호르몬이 과다
분비되면서 거인증에 걸리기도 해. 아무튼 이 생장 호르
몬은 성장을 빠르게 하는 역할을 해.

연어에게도 당연히 생장 호르몬이 있어. GMO 연어의 핵심은 바로 이 생장 호르몬이야. 우리가 먹는 연어는 대서양 연어종인데, 몸집이 크지는 않아. 아쿠아 어드밴티지 연어는 이러한 대서양 연어에 덩치가 큰 왕연어의 생장 호르몬 유전자를 도입한 거야. 여기에다 한 가지 유전자를 더 바꿨어. 바로 바다뱀장어의 프로모터 유전자도 넣은 거지. 프로모터 유전자는 생장 호르몬 유전자의 작동을 시작하는 역할을 해. 연어는 겨울에는 생장 호르몬을 만들지 않거든. 하지만 바다뱀장어는 원래 차가운 바다에 살기 때문에 겨울에도 유전자를 작동시키지. 결국 유전자 편집된 아쿠아 어드밴티지 연어는 생장 호르몬을 사시사철 분비하게 되었어.

아쿠아 어드밴티지 연어는 생장 호르몬이 많이 분비되니 당연히 보통 연어들보다 생장이 2배나 빨랐어. 키우는 데 시간이 반밖에 들지 않아 경제적 효과도 엄청났지. 1989년에 만들어진 이 슈퍼 연어는 2010년에 미국 식품의약국에서 안정성에 문제가 없다고 결론을 내렸고, 캐나다에서는 2017년부터 판매를 시작했어.

개발에서 허가까지 20년이 넘는 시간이 걸렸지? 이

렇게 오랜 시간이 걸린 것은 안정성을 확인하기가 쉽지 않기 때문이야. 유전자 편집된 연어의 모든 세포는 편집된 유전자를 가지고 있어. 이 연어가 양식장에서 탈출하면 어떻게 될까? 일단 우리나라에 황소개구리가 들어왔을 때, 국내 토종 생태계가 파괴되었어. 천적이 없었기 때문이지. 이 연어는 성상이 빠르기에 다른 종보다 생존에 유리할 거야. 기존 생태계를 망칠 수 있어. 또, 원래의 토종 연어와 교배를 통해 새로운 연어가 탄생할지도 모를 일이었지. 사람들이 말하는 '프랑켄 연어'가 탄생하는 거지.

그리고 가능성은 작겠지만, 이 슈퍼 연어의 생장 호르몬 유전자가 다른 생물에게 도입될 우려도 있어. 상어만 한 고등어가 만들어질지도 모르는 일이야.

그럼 슈퍼 연어를 먹는다면 인체에는 영향이 없을까? 혹시 슈퍼 연어의 생장 호르몬 유전자가 인간에게서 돌연변이를 만들어 내지는 않을까? 앞에서 우리는 소화에 대해 배웠어. DNA인 핵산도 우리의 장에서는 영양소로 잘게 소화될 뿐이라 큰 문제는 없을 거야. 하지만 유전자 변형이라는 찜찜함은 남아 있지.

슈퍼 연어를 키우면 장점도 있어. 연어를 양식하는 데 드는 에너지를 줄일 수 있다는 거야. 지금 지구는 심각한 기후 변화를 겪고 있어. 연어를 양식하는 과정에서도 막대한 에너지를 사용하고 탄소를 내보내고 있지. 기후 변화를 막기 위해 에너지 사용을 줄이는 것은 당연한 일이야. 또, 경제적으로도 훨씬 이익이 컸지. 키우는 데 시간이 덜 드니 돈을 빨리 벌 수 있었을 거야.

슈퍼 연어를 생산하면 지구의 건강에는 분명 좋을 거야. 하지만 GMO를 식품으로 허가할 때는 충분히 안정성을 확보해야 해. 유전자 편집된 생물이 우리가 예상하지 못한 어떤 일을 벌일지 알 수 없으니까. 아직 우리나라에 GMO 슈퍼 연어가 들어오지는 않았지만, 과연 어떻게 하는 게 좋을지 생각해 볼 일이야.

환경 돼지에서 돼지 장기 이식까지

슈퍼 연어가 환경과 경제적 이유로 만들어졌다면, 인간의 건강을 위해 GMO 돼지를 만들려는 시도도 있었어. 삼겹살 좋아하지? 우리나라 사람들의 몸에는 삼겹살의 피가 흐른다고도 할 수 있을 거야. 여행이나 캠핑을 간다면 어디서나 삼겹살을 굽고 있으니 말이야.

우리가 이처럼 사랑하는 돼지고기 삼겹살은 포화 지방을 많이 포함하고 있어. 1장에서 배웠듯이 지방에는 포화 지방과 불포화 지방이 있는데, 돼지고기 지방은 건강에 나쁜 포화 지방이야. 돼지고기를 굽고 남은 기름이 식으면 하얗게 고체로 변하는 것을 보았을 거야. 이게 혈관 안에서 굳으면 혈관을 막아 고혈압, 심근경색 등 심각한 문제를 일으킬 수 있어.

이런 문제를 해결하기 위해 2000년대 초 일본의 한 연구진이 시금치 유전자를 이용했어. 시금치에는 포화 지방을 불포화 지방으로 바꿔 주는 유전자가 있거든. 연구진은 이 유전자를 돼지에 편집해 넣었지. 결국 이 돼지에게 시금치 유전자가 발현되어 포화 지방을 불포화 지방으로 바꾸었어. 이 시금치 돼지는 지방 세포의 리놀렌산 수치가 일반 돼지보다 10배나 많았어. 불포화 지방이 많아지면서 포화 지방이 줄어든 거지. 더 건강한 돼지고기를 먹을 수 있게 된 거야.

그럼 이제 건강한 삼겹살을 실컷 먹게 되었냐고? 아니야. 이 돼지는 실제로 태어나지는 않았어. 세포 수준에서 유전자 편집과 실험을 했을 뿐이야. 아마 이 돼지가 실제로 만들어지고 태어났다면 사람들에게 손가락질을 받았을 거야. 유전자 변형 또는 유전자 조작 '플랑켄 돼지'라고 하면서 거부했겠지.

　돼지의 유전자를 바꾼 일은 또 있어. 이 돼지의 이름은 '환경 돼지Enviropigs'야. 이름을 보면 어떤 목적에서 이 돼지를 만들었는지 예상이 되지?

　우리는 고기만 먹어서 모르지만, 돼지를 키우는 사육 농장에서 문제가 되는 것이 있어. 바로 토양 오염이야. 돼지를 키우는 농장, 즉 양돈장에서는 엄청난 양의 돼지 분뇨가 나와. 돼지 분뇨는 토양을 산성화시키고 지하수를 오염시켜. 돼지 분뇨의 인 화합물이 강물의 수생 식물도 죽이고, 녹조를 발생시키는 영양염류가 돼.

　캐나다의 한 대학에서 인 화합물을 잘 분해하는 효소를 찾았어. 그리고 연구진은 이 효소를 만드는 유전자를 편집한 돼지를 만들었지. 이 돼지는 실제로 10마리가 태어났어. 유전자의 효과는 있었지. 이 돼지의 분뇨에서는 인 화합물이 75%나 줄었거든.

하지만 사람들의 환영은 받지 못했어. 유전자 변형 동물에 대한 거부감 때문이었지. 결국 연구 자금을 지원 받지 못하게 되어서 '환경 돼지'는 안락사의 위기를 맞았 어. 돼지를 불쌍하게 여긴 사람들이 돼지의 수명이 다할 때까지 기른다고 했지만, 그렇게 할 수도 없었어. 유전자 변형 돼지가 자연으로 나가서 변형된 유전자를 퍼뜨릴지 모른다고 걱정한 사람들 때문이었지. 아무튼 실험에 이 용된 돼지만 불쌍하게 되었어.

돼지의 유전자를 바꾼 예는 또 있어. 이번에는 식품 으로의 유전자 편집이 아니지만, 유전자 편집의 획기적 인 사례로 소개해 볼게.

장기 이식이란 말은 다들 알 거야. 만성 신부전증에 걸리면 콩팥의 기능이 떨어져 병원에 정기적으로 가서 혈액 투석을 받아야 해. 투석을 받으려면 오랜 시간 동안 엄청난 통증을 견뎌 내야 하지. 만성 신부전증을 원천적 으로 치료하려면 콩팥을 이식받아야 해. 사람에게는 콩 팥이 2개가 있어서 조건만 맞으면 가족이 제공해 줄 수 있어. 하지만 심장은 어떨까? 심장을 이식받아야 하는 사람은 대기자 명단에 이름을 올리고 뇌사 판정을 받은, 게다가 생전에 장기 이식에 동의한 사람이 나타나길 기다려야 해. 결국 장기 이식을 받으면 살지만 그렇지 못해 죽는 사람들이 많아.

그럼 동물의 장기를 이식할 수는 없을까? 얼마 전까지는 불가능했어. 사람은 다른 동물의 장기를 받을 수 없었지. 이유는 거부 반응 때문이야. 혈액도 아무 혈액이나 수혈할 수 없잖아. 단순해 보이는 혈액조차도 일단 혈액형이 맞아야 수혈할 수 있어. 장기 이식은 더 심해. 가족끼리라도 장기를 쉽게 이식할 수는 없어. 면역 거부가 일어나지 않는지 철저한 검사가 필요해. 사람끼리라도 장기의 거부 반응이 없어야 하는데 동물의 장기는 거부 반응이 더 심해.

거부 반응은 왜 일어날까? 이건 우리 자신을 보호하는 몸의 면역 반응 때문이야. 면역 반응은 외부 세균이나 바이러스가 들어오면 항체를 만들어 공격하는 것을 말해. 우리 몸을 보호하기 위한 작용이지. 세균이나 바이러스는 단백질로 되어 있잖아. 외부 단백질이 우리 몸에 들어오면, 우리 몸은 이를 병균으로 인식하고 제거하기 위해 면역 반응을 일으켜. 다른 동물의 장기가 몸에 들어오면 외부의 적으로 인지하고 거부 반응이 일어나는 거지. 이 거부 반응을 일으키지 않으면 다른 동물의 장기를 이식받을 수 있어.

과학자들은 거부 반응을 일으키는 돼지의 특정 단백질을 찾았어. 이 단백실만 없다면 거부 반응이 일어나지 않겠지. 그렇게 유전자를 찾아 이를 편집한 거야. 이 유전자 편집 돼지의 장기를 인간에게 이식해도 거부 반응이 일어나지 않아.

영화에서나 볼 것 같은 일이라고? 아니, 벌써 실행되고 있어. 하버드대학교 의과대학 매사추세츠 종합병원에서는 2024년 3월 16일 유전자 변형 돼지의 신장을 리처드 슬레이먼이라는 사람에게 이식했고, 그는 상태가 호전되어 수술 후 2주 만인 4월 3일에 퇴원했다고 해. GMO 돼지를 식품으로 이용하지 않았지만, 인간의 생명을 늘리는 데 확실한 역할을 한 거지. 유전자 재조합 생물은 식품뿐만 아니라 의학품으로의 가능성도 높다는 것을 알 수 있어.

식량 생산을 늘려라

세상의 절반은 굶주린다고 하잖아? 정치·경제적인 이유가 있겠지만, 어린이들이 못 먹어서 굶주리는 모습을 보면 가슴이 아파. 혹시 유전자 편집을 이용해 식량 생산을 늘릴 수 있지 않을까? 사실 우리는 이미 GMO 식품을 먹고 있어. 놀랐지? 우리가 주로 먹는 제품은 콩이야. 우리는 GMO 콩으로 만든 식용유를 사용하고 있었어.

미국에서는 유전자를 편집한 작물이 1996년에 도입되어 그 비율이 빠르게 증가했어. 대표적인 작물이 콩과 옥수수야.

통계는 충격적인 수치를 알려줘. 한국바이오안전성정보센터에 따르면, 2020년 전 세계에서 재배된 콩의 74%, 옥수수의 31%가 유전자 편집된 작물이었어. 미국만 보면 옥수수는 92%, 콩은 94%나 되지. 사탕무와 카놀라는 100%라고 하니 미국에서 생산되는 콩, 옥수수, 사탕무, 카놀라는 GMO일 확률이 매우 커. 또한 주요 10개 나라의 콩과 옥수수 재배 면적 중 80~90%는 GMO를 키우고 있어. 전 세계에서 생산하는 80~90%의 콩과 옥수수가 GMO라는 말이지.

그럼 이 콩과 옥수수는 어떤 유전자를 편집했을까? 바로 제초제와 곤충에 대한 내성이 있는 유전자를 편집했어. 논에 벼 말고 다른 잡초가 자란다면 두 식물은 경쟁을 할 거야. 벼가 섭취해야 할 영양분을 잡초가 나눠 먹는 거지. 이런 일을 피하려면 농부가 일일이 잡초를 뽑아 내야 해. 하지만 미국처럼 넓은 땅에서 사람이 잡초를 뽑아 낸다는 것을 불가능해. 그래서 제초제를 뿌려 식물을 죽이는 거야. 하지만 제초제를 뿌리면 잡초만이 아니라 벼나 콩, 옥수수도 같이 죽게 되지. 그래서 이 제초제에 내성이 생기게 유전자를 편집해서 제초제에도 끄떡없는 콩과 옥수수를 만든 거야. 그러면 제초제를 뿌려도 잡초만 제거할 수 있지. 또, 곤충이 잎을 갉아 먹지 못하게 곤충이 싫어하는 냄새가 나도록 유전자를 편집하기도 했어. 그렇게 생산량을 늘리는 방향으로 GMO 콩과 옥수수를 만든 거야.

한국생명공학연구원에 따르면, 2023년 우리나라에 가장 많이 수입된 GMO는 옥수수야. 전체 1,028만 톤의 GMO 중 옥수수가 89.6%를 차지해. 그나마 다행이라면

전체 GMO 수입량의 87%인 893만 톤은 동물 사료용이라는 거지. 식품용 옥수수는 3%인 28.9만 톤이고. 또 전체의 9%인 92.8톤의 식품용 GMO 콩도 수입했어. GMO 콩으로는 식용유를 만들고, GMO 옥수수로는 올리고당을 만들어. 우리는 GMO 식품인 식용유와 올리고당으로 만든 음식을 먹고 있었던 거야.

우리는 이런 사실을 왜 몰랐을까? 바로 '유전자변형 식품등의 표시기준' 때문이야. 이 기준에 따르면 "안전성 심사 결과, 식품용으로 승인된 유전자 변형 농축수산물과 이를 원재료로 제조·가공 후에도 유전자 변형 DNA 또는 유전자 변형 단백질이 남아 있는 유전자 변형 식품 등은 유전자 변형 식품임을 표시해야 한다."라고 되어 있어. 만약 GMO 콩으로 두부를 만들었다면 표시를 해야

(단위 : 만 톤, 백만 달러)

용도	총계		옥수수		대두		면화	
	물량	금액	물량	금액	물량	금액	물량	금액
총 계	1,028.2	3,427	921.9	2,795	92.8	579	13.5	52
식품용	121.7	651	28.9	72	92.8	579	-	-
사료용	906.5	2,776	893.0	2,723	-	-	13.5	52

우리나라의 식품용·사료용 GMO 수입 현황(2023)

해. 하지만 식용유는 기름을 짜낸 찌꺼기를 걸러 버리기 때문에 DNA와 단백질이 남아 있지 않았다고 보는 거야. 또, GMO가 비의도적으로 3% 이하로 섞이면 표시하지 않아도 된다고 해. 그래서 우리가 먹는 식용유와 올리고 당에 GMO 표시가 없는 거였어.

그럼 다른 생물의 DNA가 들어간 콩과 옥수수는 먹어도 안전한 것일까? 우리나라에서도 안정성을 철저히 검사하지만, 미국도 자국민의 안전을 위해 GMO를 아주 까다롭게 검사하고 있어. 식품의약국뿐만 아니라 미국 연방기관, 의사협회, 국립과학원, 세계보건기구에서 철저히 검증해서 GMO 콩과 옥수수가 안전하다고 했어. 그러니 너무 걱정하지 않아도 될 거야.

이 정도의 안전성 증명이라면 세계의 굶주리는 사람들을 위해 GMO를 제공해도 되지 않을까? 또한, 전 세계 인구는 계속 늘어나고 있어. 이 많은 사람에게 식량을 제공하기 위해서는 숲을 파괴해 농지로 개간해야 할지도 몰라. 식량을 위해 숲을 파괴한다면 지금 가뜩이나 심각한 기후 위기가 재앙이 되어 인간을 공격할 거야. 멸망을 막기 위해 안전성이 확보된 GMO는 괜찮지 않을까?

흰쌀의 유전자를 변형해 비타민 A를 더 쉽게 섭취할 수 있도록 만든 황금쌀

　그리고 크리스퍼 캐스9 유전자 가위를 이용하면 다른 생물의 유전자를 도입할 필요가 없어. GMO 콩과 옥수수는 제초제의 내성 유전자와 곤충의 내성 유전자를 다른 생물로부터 도입했지만, 정밀하게 유전자를 찾아가서 편집하는 크리스퍼 유전자 가위는 외부 유전자 도입 없이 작물을 개량할 수 있거든.

　안타깝게도 사람들은 이 크리스퍼 캐스9 유전자 가위로 편집한 작물들도 GMO로 취급해서 유전자 조작, 유전자 변형이라는 거부감 드는 말로 선전해. 게다가 신기술로 돈벌이에만 급급한 기업도 GMO가 나쁘다는 이미지를 더욱 심화시켰지만 말이야.

이제 우리는 GMO에 대해 정확히 알아야 해. GMO 표시의무제 같은 것을 시행해 소비자가 자신을 위해 식품을 고르도록 하고, 기업도 정직하게 연구해 식품에 도입한다면 분명 인류와 지구에 도움이 되는 방향으로 사용할 수 있을 거야.

GMO, 늘리는 게 좋을까?

GMO는 1996년 미국에서 처음 시작되어, 현재 전 세계 29개국이 24개 작물 246종을 재배하고 61개국이 식품으로 인정하고 있어.

찬성

식량 생산을 늘리고 기후 위기도 대비할 수 있으니 더 많이 확대되어야 해.

반대

GMO의 안전성을 100% 보장할 수 없는 상황에서 무작정 늘려선 안 돼.

생각 TIP

현재까지 주로 허용되어 온 GMO에는 어떤 것들이 있을까?

식량 안보란 무엇이며, 우리나라의 식량 안보 수준은 어떨까?

지금까지 밝혀진 GMO 섭취 부작용 사례는 몇 건이나 될까?

유전자 편집 기술은 식량 외에 어디에 활용될 수 있을까?

찬성 근거

1) 유엔식량농업기구(FAO)에 따르면, 2050년경에는 세계 인구가 97억 명에 달해서 지금보다 1.7배 더 많은 식량이 필요해. GMO는 선택이 아니라 필수야.

2) GMO 기술을 계속 발전시키면, 미래에는 비정상 유전자를 정상 유전자로 바꿔서 불치병을 치료하는 새로운 길이 열릴 거야.

반대 근거

1) GMO가 일반적인 먹거리로 인식되기 시작하면, 유전자 변형 생물도 덩달아 늘어나면서 생태계 균형이 무너질 거야.

2) 우리는 몇몇 GMO 농산물만을 약 30여 년간 먹어 왔을 뿐이야. GMO가 건강에 정말 나쁜 게 아닌지 충분히 검증되지 않았어.

4장

기후 위기 시대, 무얼 먹고 살까

#기후 위기   #미래 식량   #식용 곤충

요즘도 흔히 볼 수 있는 길거리 음식,

번데기

식량이 점점 부족해지면서 **곤충이**

미래의 식재료로 주목받고 있어.

징그러워서 그걸 어떻게 먹냐고?

사실 시장이나 유원지에서 흔히 파는

짭짤한 간식 번데기도 곤충의 애벌레야.

농촌에서 자란 어른들이라면

어릴 때 메뚜기를 잡아서

불에 구워 먹고 놀았던 추억도 있을걸.

먹을 게 이렇게 널렸는데?

이제부터 기후 위기에 대해 알아볼 거야. 영양소를 배우다 갑자기 웬 기후 위기냐고? 다가오는 미래에는 급격한 기후 변화 때문에 식량 위기가 올 것이기 때문이야.

세상에 먹을 게 이렇게 널렸는데 설마 식량 위기가 올까 싶지? 영화에서 나오는 이야기 같겠지만, 만약 밀이 멸종되면 어떻게 될까? 밀은 현재 우리 지구에서 매우 중요한 식량이야. 우리도 밀가루로 빵과 국수 같은 많은 음식을 만들어. 서양에서는 밀가루가 주식이야. 밀이 멸종한 사회는 어떨까? 쌀을 먹으면 된다고? 밀이 멸종되어 전 세계 사람들이 쌀을 나눠 먹는다고 생각해 봐. 아마 식량을 확보하기 위해 당장 전쟁이 일어날 거야.

지금(2024년 11월 현재)도 러시아와 우크라이나 전쟁이 이어지고 있어. 우크라이나는 세계적인 밀 생산지야. 전 세계에 밀 공급이 끊기니 우리나라에서도 밀가루로 만드는 빵 가격이 엄청나게 올랐어.

그럼 가장 기본적인 질문을 하나 할게! 과연 밀이 멸종할 수 있을까? 이미 멸종한 식품은 많아. 그 대표적인 예로 바나나를 들 수 있어. 우리가 먹는 바나나는 이제 하나의 품종만 남은 것을 알아? 우리가 먹는 바나나는 캐번디시라는 품종이야. 1950년 전에는 그로미셸이라는 품종이 있었다고 해. 1950년대에 파나마병이라는 바나나 질병이 돌았어. 이 병은 암과 같아서 한 번 걸리면 치료가 어려워 바나나가 몽땅 죽고 말았어.

질병을 이기기에는 바나나에 치명적인 단점이 또 있어. 바로 씨앗이 없다는 거야. 씨가 없는 바나나는 어떻게 번식할까? 바나나의 조상은 씨앗이 있었지만, 현재 우리가 먹는 바나나는 개량한 거야. 씨앗이 없으니 무성 생식인 영양 생식을 할 수밖에 없어. 가지를 잘라서 땅에 심는 거지. 이 방법의 치명적인 단점은 바나나의 유전자가 모두 같다는 거야. 유전적 다양성이 없던 바나나 그로미셸은 멸종하고 말았지. 다른 종인 캐번디시는 파나마병은 걸리지 않겠지만, 바이러스가 변형되어 신종 파나마병이 언제 캐번디시를 전염시킬지 몰라.

바이러스가 그렇게 쉽게 변형되냐고? 우리는 매년 독감 예방주사를 맞잖아? 그런데 어렸을 때 맞았던 수많은 예방주사는 두세 번 맞으면 면역이 생겼는데, 독감 예방주사는 해마다 계속 맞아야 해. 이상하지? 독감은 바이러스 때문에 걸리는 건데, 바이러스는 변종이 잘 생겨서 그래. 몇 년 전 전 세계를 휩쓴 코로나 바이러스도 변종이 계속 나왔던 거야.

이렇게 식물은 쉽게 위험에 빠질 수 있어. 특히, 개량한 밀과 쌀일수록 유전자가 단순해져서 더욱 쉽게 멸종하지. 기후 변화가 이런 위험을 앞당길 수 있어. 요즘 사과 값이 엄청나게 비싼 거 알지? 날이 점차 더워지니 사과 재배가 되지 않아서 그래. 사과 생산지의 위도 역시 점차 위로 올라오고 있어. 이런 추세라면 국내에서 생산되는 사과로는 수요를 충족하지 못하게 되고, 외국 사과를 수입해야 할 거야. 머지않아 마트에서 '국내산 사과', '수입 사과'를 분리해서 파는 날이 올 수도 있어.

기온이 높아질수록 환경은 점차 가혹하게 변하고 있어. 2019년 9월 호주에서 산불이 났는데, 이듬해 2월까지 이어졌어. 가뭄으로 건조해진 탓에 불이 쉽게 옮겨붙은 데다 불을 끄기도 어려웠기 때문이야. 그때 소실된 숲이 북한까지 합친 한반도 면적의 85%라고 해. 평균적인 비가 내린다고 해도 기온이 올라가면 증발되는 수분의 양도 많아서 점차 가뭄이 심해지는 거야. 더우면 우리가 땀을 흘리는 것처럼 흙이 품고 있는 물도 증발해. 지구의 기온은 계속 올라가고 있고, 가뭄은 점차 심해지고 있어. 멈출 줄 모르는 가뭄은 농작물에 치명타가 될 거야.

기후 위기를 일으킨 근본적인 원인은 뭘까? 바로 이산화탄소야. 산업화가 이산화탄소의 농도를 높였어. 화석연료를 태우면 이산화탄소가 나와. 이산화탄소는 대표적인 온실 가스야. 지구가 태양의 복사 에너지를 받으면 그만큼 지구의 복사 에너지를 우주로 내보내기 때문에 평균 온도를 유지할 수 있어. 하지만 대기 중의 이산화탄소는 우주로 방출하는 지구 복사 에너지의 일부를 흡수해서 지구에 가둬. 그러면 지구는 점차 뜨거워지지.

이산화탄소는 열대 밀림이나 숲에서 제거할 수 있어. 식물이 광합성을 위해 이산화탄소를 흡수하기 때문이야. 하지만 인류는 식량을 위해 밀림과 산림을 개간하고, 종이를 만들기 위해 나무를 잘랐지. 육식을 위해 숲을 없애고 대규모 농장을 지은 것도 이산화탄소의 농도를 높이는 일이야. 현재 지구 전체 육지 면적의 30%가 농지라고 해. 아메리카 대륙 전체 면적과 거의 맞먹는 정도인데, 이 농지의 대부분에서 가축의 사료를 위한 작물을 키우고 있어.

이처럼 급격히 변하는 기후는 미래의 식량 위기를 앞당길 수 있어. 그런 면에서 기후를 생각한 미래 식량에 주목해야 해. 곤충 식량이 대안이 될 수 있고, 실험실에서 만든 고기인 배양육도 좋은 대안이 될 수 있어. 그럼 미래 식량에 대해 알아볼까?

고단백 완전식품, 곤충

단백질은 우리 몸에 굉장히 중요한 영양소야. 운동을 할 수 있는 골격근이 단백질로 이루어져 있고, 소화를 위한 효소도 단백질로 이루어져 있어. 우리는 생장과 몸의 물질 대사를 위해 항상 단백질을 흡수해야 해.

현대에는 인류의 동물성 단백질 섭취를 위해 전 세계에서 가축을 키우고 있어. 물론 단백질을 섭취하는 것 말고도 맛있는 음식을 먹겠다는 욕구도 큰 이유지. 현재 전 세계의 인구는 81억 명이 넘어가고 있어. 81억 명이 단백질을 섭취해야 한다니 아찔해.

　인간 이외에 가장 많은 포유류는 어떤 동물일까? 바로 소야. 전 세계에서 사육되는 소의 총 무게는 전 세계에 사는 모든 포유류를 합친 무게보다 더 크다고 해. 인간이 아니었다면 소의 숫자가 13억 마리가 되지는 않았을 거야. 그리고 조류인 닭은 230억 마리라고 하니 인간의 필요에 따라 키우는 가축이 이렇게나 많아.

　인간의 단백질 섭취를 위해 소를 키우는 것은 아무 문제가 될 것 같지 않지만, 소의 숫자가 많아질수록 기후 위기가 가속된다는 사실을 아니? 우리나라는 소를 키우기 위해 사료로 옥수수를 수입해. 미국도 소를 사육하기 위해 사료용 옥수수를 대규모로 경작해. 가축의 사료를 생산하기 위해 밀림을 없애면 이산화탄소를 흡수하는 나무가 줄어들어. 물론 옥수수도 식물이라 이산화탄소를 흡수하고 산소를 배출하지만, 숲에 비할 정도는 아니지. 심지어 밀림을 없애고 키운 옥수수를 먹여 소를 사육한다면, 이산화탄소 배출은 더더욱 커질 거야.

　앞에서 이산화탄소가 늘어가는 것이 왜 위험한지 말했어. 이산화탄소가 온실 효과를 일으키기 때문에 지구의 기온이 높아지는 거지. 소를 키우는 것은 온실 효과 면에서 또 다른 문제를 야기해.

소는 풀을 먹고 사는 초식동물인데 소화 과정에서 메테인(CH_4) 가스를 배출해. 메테인 가스는 이산화탄소보다 더 강력한 온실 가스야. 소가 방출하는 메테인 가스가 전체 가축이 배출하는 메테인 가스의 65%나 된다고 해. 우리는 지구의 기온을 올리는 주범을 이산화탄소라고 생각하고, 전 세계에서 탄소 줄이기에 힘을 쓰고 있어. 그러나 사실 온실효과의 약 3분의 1은 메테인이 일으켜. 메테인은 이산화 탄소보다 83배나 강력한 온실효과를 일으키지. 다행이라면 메테인은 20년 안에 80%가 대기에서 사라진다는 거야. 메테인을 줄이면 단시간에 온실효과를 줄일 수 있다는 말이야. 그러니 가축의 사육 두수를 줄인다면, 그리고 우리가 육식을 조금만 자제한다면 온실효과를 단시간 내에 줄일 수 있다는 말이야.

우리가 건강하게 살아가려면 필수 영양소로 단백질을 섭취해야 하는데, 가축을 키우는 것은 환경에 좋지 않아. 뭔가 대안이 없을까? 대안은 있어. 바로 곤충이야. 곤충은 좋은 단백질 공급원이 될 수 있을 뿐만 아니라 부족한 식량의 대체제가 될 수도 있어.

놀이동산이나 시골의 시장에 가면 번데기를 파는 것을 봤을 거야. 번데기는 오래전부터 우리나라 사람들이 즐겨 먹는 간식이었어. 다른 나라 사람들이 번데기를 보면 인상을 찌푸리지만, 우리나라 사람만은 거부감이 없을 거야. 물론 요즘 학생들은 거부감이 있을지 모르지만 말이야. 그리고 부모님에게 메뚜기를 드셔 봤냐고 여쭤 봐. 아마 많은 부모님께서 어렸을 때 메뚜기를 드셔 봤을 거야. 이처럼 곤충은 사람들이 오래전부터 먹고 있었어.

미국에서는 식품의약국이 귀뚜라미와 쌀거저리 유충을 안전한 자연 단백질로 승인한 뒤로 식용 곤충 시장이 급속도로 발전하고 있어. 식용 곤충인 귀뚜라미와 소고기를 영양학적으로 비교해 볼까? 일단 단백질 함량은 귀뚜라미가 소고기보다 무려 2.5배나 많아. 30g당 단백질 함량이 귀뚜라미는 20g이고 소고기는 8g이지. 칼슘의 양은 귀뚜라미가 거의 12배나 많고, 철분은 2.3배가 많아.

영양학적으로 보면 귀뚜라미의 완승이야. 환경까지

생각한다면 곤충의 가치는 엄청나. 귀뚜라미는 소를 사육하는 데 필요한 면적의 2.6%면 충분하고, 키우는 데 드는 물은 4.3%, 사료는 8.3%밖에 들지 않아. 이를 이산화탄소 발생량으로 계산하면 1,800분의 1로 줄어. 곤충의 가치가 엄청나다는 것을 알 수 있지.

현재 다양한 곤충이 식용으로 인정받고 있어. 대한민국에서 인정하는 식용 곤충은 열 종류야. 누에(번데기)와 메뚜기는 오래전부터 먹어 왔던 식품이고, 밀웜이라 불리는 갈색거저리, 아메리카 왕거저리 유충, 쌍별귀뚜라미, 장수풍뎅이 유충 등이 식품으로 인정받고 있어. 미국에서는 곤충으로 에너지 바를 만들어서 실제 판매도 많이 된다고 해. 영국에서는 식용 곤충 식당까지 있다고 하니 우리나라에도 도입되는 날이 곧 올 거야.

결국 양질의 영양소 흡수와 환경을 생각한다면 식용 곤충을 활용하는 것은 아주 좋은 대안이 될 수 있어. 하지만 곤충은 식용으로 사용하기에 외관상 거부감이 커서 문제야. 이제부터라도 인식의 변화와 연구가 필요할 거야. 지구를 생각한 미래 식량 곤충, 우리도 조금씩 생각을 바꾸자고.

곤충을 주재료로 만들어 판매 중인 미국의 에너지 바

고기가 아니어도 괜찮아

건강을 위해서, 환경을 위해서, 그리고 동물권을 위해서
채식을 선택하는 사람들이 있어. 동물성 고기에는 포화
지방이 많아서 많이 섭취하면 건강에 좋지 않은 영향을
줘. 환경 면에서는 앞에서 말한 것처럼, 가축 사료용 작물
을 생산하기 위해 숲을 없애는 바람에 대기의 이산화탄
소 흡수를 방해하지. 또 가축 분뇨와 소의 트림에서 어마
어마한 양의 메테인 가스가 배출되기도 하고.

사람들은 대량 생산을 위해 몸을 돌릴 수도 없는 좁은 우리에서 돼지를 키우고, 닭은 8층짜리 철창에 가둔 채로 키우고 있어. 오로지 고기를 위한 살을 찌우려고. 마치 거대한 공장처럼 말이야. 이런 것을 공장식 축산이라고 해. 공장식 축산의 문제는 동물들을 비위생적인 환경에서 키우고 영양제와 항생제가 들어간 가공 사료만 먹이는 탓에 동물들이 온갖 질병에 걸린다는 거야. 또 한곳에 엄청나게 많은 분뇨를 배출해서 환경을 해치기도 하지. 그래서 동물 복지를 위한 농장도 생기고 있어. 가축이라 해도 쾌적한 환경에서 사육하고, 스트레스와 불필요한 고통을 최소화하는 방식이야. 건강, 환경, 동물 복지를 위해 동물성 고기를 줄여야 하는 것은 이제는 필수 과제가 되었어.

다시 채식으로 돌아와 보자. 채식은 여러 가지로 건강에 도움이 되지만 우리에게는 단백질이라는 영양소가 꼭 필요해. 콩과 옥수수를 먹으면 모든 필수 아미노산이 섭취된다고 했어. 하지만 그것들은 고기는 아니잖아. 우리는 고기를 씹고 싶어. 이를 위해 콩으로 고기를 만든다는 것을 알아? 바로 대체육이야.

먼저, 콩으로 만든 콩고기를 살펴보자. 콩고기는 콩과 버섯, 코코아 등으로 실제 고기의 식감과 비슷하게 만든 거야. 동물성 고기 대신 콩고기를 먹는다면 환경 문제와 가축 사육의 문제, 우리의 건강에 관한 문제들을 줄일 수 있을 거야. 점점 아파지는 지구를 구할 수 있는 거지.

지구를 생각한다면 채식을 하고 콩고기로 대체하면 되겠지만, 성장기에는 양질의 동물성 단백질이 필요한 것도 사실이야. 그럼 지구도 구하고 동물성 단백질도 얻을 수 있는 좋은 방법이 없을까? 있어. 바로 배양육이야.

배양육은 동물의 줄기세포를 채취해 배양 배지에 넣어 근육 조직으로 분화시키는 거야. 피부가 다치면 상처가 저절로 아물잖아. 피부의 상피세포가 세포 분열을 통해서 상처를 채우고 피부를 재생한 거야.

줄기세포는 아직 분화가 일어나지 않은 초기의 세포야. 배양 배지에 올린 줄기세포에 성장 호르몬이나 약품으로 처리하면 세포 분열을 통해 점차 근육으로 자라나. 이 근육이 바로 우리가 먹는 고기지. 대체육은 기존의 육류와 똑같아. 맛과 질감뿐만 아니라 영양소도 소의 근육과 똑같지.

배양육을 키우면 장점이 많아. 동물을 공장식으로 키울 필요도 없고, 도축으로 동물을 괴롭힐 필요도 없어. 실험실에서 배양하는 고기는 실제로 동물을 키우는 것보다 이산화탄소 발생량도 당연히 적을 거야. 2013년 네덜란드의 생리학자인 마크 포스트는 배양육으로 햄버거 패티를 만들었어. 많은 나라에서는 소고기, 돼지고기, 닭고기에 이어서 양고기, 들소 고기 등도 배양에 성공했고, 2021년에는 그루퍼라는 생선을 만들어 해산물까지 확산하고 있어. 콩고기와 배양육은 미래 사회에 꼭 필요한 대체 고기가 될 거야.

감자튀김이 암을 유발한다고?

햄버거 좋아하니? 이렇게 물으면 "싫어하는 사람도 있어요?" 하고 되물을지도 몰라. 특히, 햄버거 세트에 나오는 감자튀김은 햄버거의 맛을 더 높여 줘. 뜨거운 기름에 방금 튀겨 나온 감자튀김을 새콤달콤한 케첩에 찍어 먹으면 환상적이야. 감자칩도 빼놓을 수 없는 간식이야. 짭짤한 소금이 묻어 있는 감자칩에 한번 손을 대면 모두 사라질 때까지 멈출 수가 없어.

감자는 밀과 쌀, 옥수수와 함께 전 세계에서 주식으로 삼는 주요 작물이야. 하지만 감자, 특히 튀긴 감자는 정크 푸드junk food라고 불리고 있어. 쓰레기 음식이라니 안타까운 일이야. 뜨거운 기름에서 튀겨 내는 감자튀김은 정제된 탄수화물로 열량도 높지만, 그 과정에서 아크릴아마이드acrylamide라는 물질이 만들어져. 아크릴아마이드는 유기 화합물로 발암물질이야. 발암물질은 암을 일으키는 물질이잖아. 뜨거운 감자튀김은 건강을 위해서는 많이 먹어서는 안 되는 음식이야.

감자튀김에서는 왜 발암물질인 아크릴아마이드가 만들어질까? 감자는 서늘한 곳에서 오래 보관하며 먹는 식량이야. 하지만 감자는 저온에 두면 서서히 당으로 분해돼. 감자가 단순당으로 분해되면 단맛이 나서 좋을 거야. 문제는 이 단순당을 기름에 튀기면 아크릴아마이드가 만들어진다는 거야.

뭔가 방법이 없을까? 햄버거 세트에서 감자튀김을 뺄 수는 없잖아. 아크릴아마이드 생성을 억제하기 위해 국내 연구진이 유기산을 넣어 아크릴아마이드 생성을 억제하는 방법을 개발했어. 이건 유기산을 넣는 방법이지만, 아예 원인을 제거하면 어떨까?

감자를 보관하더라도 단순당으로 분해되지 않으면 어떨까? 미국의 칼릭스라는 농업 회사는 감자가 단순당으로 변하게 하는 유전자를 찾았어. 이 유전자를 제거하면 어떨까? 그러면 감자가 단순당으로 변하지 않을 거야. 그러면 유전자는 어떻게 없앨까? 맞아. 크리스퍼 유전자 가위야. 칼릭스에서는 유전자 편집 감자를 생산했고, 이 감자로 만든 감자칩에서는 아크릴아마이드의 농도가 무려 70%나 줄었어. 감자튀김을 먹으면서 암을 걱정하지 않아도 되는 거야. 우리는 건강한 영양소를 얻었고, 미래에는 감자튀김이 정크푸드로 불리지 않을 거야.

콩기름도 몸에 좋지 않아. 고소한 기름에 튀기는 튀김이나 생선구이는 너무 맛있어. 하지만 여기서도 문제가 생겨. 콩기름에는 다중 불포화 지방산이 많이 들어 있어. 이 다중 불포화 지방산은 가열을 통해 트랜스 지방으로 변해.

트랜스 지방은 LDL 콜레스테롤의 양을 증가시켜.

LDL 콜레스테롤은 일명 나쁜 콜레스테롤로 불려. 이 LDL 콜레스테롤은 혈관 벽에 쌓여서 동맥경화증이나 심장 질환의 위험을 높여. 미국 식품의약국은 가공 트랜스 지방을 금지할 계획이라고 해.

식물성 기름에는 올레산이라는 단일 불포화 지방산이 많은 것이 좋아. 흔히 올리브유는 건강한 기름이라고 하잖아? 올리브유에는 단일 불포화 지방산이 75%나 들어 있어. 반면 콩기름에는 24%만 포함되어 있어. 나머지 86%의 다중 불포화 지방산이 건강을 나쁘게 만들지. 콩기름을 올리브유처럼 건강한 기름으로, 건강한 영양소로 만들 수는 없을까? 당연하게도 유전공학으로 만들 수 있어.

앞에서 건강한 감자를 만들었던 칼릭스는 콩에서 유전자를 하나 찾아냈어. 이 유전자는 단일 불포화 지방산을 다중 불포화 지방산으로 바꾸는 유전자야. 크리스퍼 유전자 가위로 이 유전자를 제거했더니 콩기름에서 단일 불포화 지방산인 올레산이 80%가 넘어갔어. 콩기름이 올리브유처럼 건강한 영양소가 된 거야. 미래의 음식은 건강한 영양소로 가득할 거야. 유전공학으로 건강에 악 영향을 끼치는 나쁜 영양소를 건강한 영양소로 바꿀 것이기 때문이지.

모든 음식 알레르기가 사라진다면

앞에서 바나나의 멸종에 대해 말한 거 기억하지? 그로미셸이라는 맛있는 바나나가 멸종하고, 캐번디시 품종만 남았다고 말이야. 하지만 캐번디시도 위협하는 변종 바이러스가 발견되었어. 자칫 병이 번지면 이 세상에서 바나나는 남지 않을 거야. 이제 영양소가 많이 들어 있는 바나나를 먹지 못한다고 하니 걱정되지?

그 걱정은 접어도 될 것 같아. 지금 세계의 과학자들이 캐번디시를 지키기 위해 연구하고 있어. 유전공학이라면 간단해. 크리스퍼 유전자 가위 기억하지? 세균이 바이러스로부터 자신을 지키기 위해 바이러스의 유전자를 기억하게 해둘 수 있어. 즉 바나나에 변종 바이러스를 기억시키는 거야. 그렇다면 우리가 백신 주사를 맞은 것처럼 바이러스에 감염되어도 스스로 이겨 낼 수 있어.

씨앗이 들어 있는 야생 바나나

그리고 바나나가 전 세계에 한 종이 남았다고 하는 것은 사실 잘못된 말이야. 전 세계의 숲에는 야생 바나나가 수백 종이나 있어. 하지만 우리가 먹는 바나나가 아닌, 씨앗을 가득 품은 바나나지. 인간은 품종을 점차 개량해 씨앗이 없는 바나나를 만들었던 거야. 그렇다면 그로미셸 품종의 조상이 숲속에 남아 있지 않을까? 새로운 바나나 품종이 탄생하려면 원래 5,000년이 걸렸어. 하지만 현대에는 유전공학의 힘 덕분에 그 속도를 훨씬 앞당길 수 있지. 얼마 지나지 않아 멸종한 그로미셸 바나나를 먹을 수 있을지도 몰라.

이번에는 땅콩 이야기를 해보자. 땅콩은 미국을 개척할 때 영양소 공급에 좋은 작물이었어. 척박한 땅에서도 잘 자라서 땅콩을 많이 심었지. 땅콩은 열량이 밥의 두 배고, 단백질과 지방도 많이 들어 있어. 물론 비타민과 무기질도 풍부하게 들어 있어서 땅콩은 최고의 영양소 공급원이야. 하지만 이런 땅콩이 어떤 사람에게는 공포로 다가온다는 것을 아니?

미국에서는 땅콩 때문에 죽는 사람이 많아. 바로 땅콩 알레르기 때문인데 미국인 13명 중 1명이 땅콩 알레르기를 가지고 있다고 해. 알레르기는 땅콩이 항원으로 작용해 몸이 방어 작용을 하면서 일어나.

모기에 물리면 살갗이 붓잖아. 모기는 피를 빨기 위해 혈액이 응고되지 않도록 항응고 단백질 물질을 피부 속에 넣어. 사람은 그것을 제거하기 위해 히스타민이란 물질을 분비하고, 히스타민의 기능에 따라 혈관이 확장되면서 붓는 거야. 확장된 혈관에서 백혈구가 나와서 외부 단백질을 제거하는 거지.

땅콩 알레르기는 이 방어 작용이 과도하게 일어나

서 생기는 거야. 온몸에서 붓는 작용이 일어나고 심지어 기도까지 부어 숨을 못 쉬게 되는 경우도 있어. 그럴 때는 서둘러서 항히스타민 주사를 맞아야 해. 미국에는 땅콩 알레르기가 있는 사람이 많아. 땅콩 잼을 먹고 키스하다가 상대방이 죽은 경우도 있다니 웃지 못할 일이야. 2015년 존스홉킨스 대학교에서는 땅콩 알레르기에 대한 유전자를 발견했다고 해. 이제 영양가 많은 땅콩을 알레르기 걱정 없이 먹는 날이 올 거야.

식품의약품안전처에서는 땅콩만이 아니라 알레르기를 일으키는 여러 음식을 선정하고 이를 표시하게 하고 있어. 알레르기가 있는 사람은 제품에 표시된 알레르기 음식을 확인하고 스스로 조심할 수 있지. 하지만 맛있는 게나 새우를 못 먹는 사람은 괴로울 거야.

우리는 예상할 수 있어. 가까운 미래에는 이런 알레르기를 일으키는 식품이 없을 거라고 말이야.

영양소를 주제로 한 소설을 한번 상상해 봤어. 이 소설은 과학기술이 더욱 발전한 미래 사회를 그린 SF로, 세상을 지배하게 된 제네시스 그룹이 주인공이지. 식량 부족이 점점 심각해져서 제네시스를 제외한 나머지 그룹의 사람들은 미세 플라스틱이 포함된 물을 마시거나 적은 양의 음식으로 간신히 살아가고 있어. 제네시스 그룹의 연구자는 유전공학으로 인간이 풀을 소화하도록 유전자를 바꿨어. 세상에 굶주리는 사람들을 위한 일이었지. 하지만 누군가 계속 방해하고 딸까지 납치해서 이를 막으려고 해. 유전공학으로 사람이 풀을 소화하는 것이 정말 가능해질까? 그렇다면 식량 부족 문제를 해결할 수 있을 것 같은데 왜 이를 막았을까?

우리는 앞에서 크리스퍼 유전자 가위에 대해 배웠어. 아주 미세한 유전자까지 편집할 수 있는 기술이야. 이런 신기술의 세상인데 인간의 유전자를 편집해 풀을 소화할 수 있도록 하면 어떨까? 실제로 제3세계의 많은 어린이가 굶어 죽고 있어. 풀을 소화할 수 있다면 산이나 들에 있는 풀을 뜯어 먹으면 되잖아.

영양소에 대해 다시 한번 복습해 보자. 우리가 주로 사용하는 에너지원은 포도당이야. 이 포도당이 연결된 중합체가 탄수화물이지. 탄수화물에는 감자와 밥 같은 녹말과 식물의 세포벽을 구성하는 셀룰로스가 있어. 식물은 광합성을 해서 포도당을 만들고 이를 연결해 셀룰로스를 만들어. 나뭇잎도 만들고 껍데기도 만들지.

안타깝게도 우리는 셀룰로스를 소화하지 못해. 포도당으로 분해하지 못한다는 이야기야. 그럼 소와 양 같은 초식동물은 셀룰로스를 어떻게 분해할 수 있을까?

우리의 대장에는 많은 미생물들이 살고 있어. 초식동물들에게는 이 미생물들이 아주 중요해. 동물은 식물의 세포벽 성분인 셀룰로스를 소화하는 효소를 만들지 못해. 소와 양 같은 초식동물은 셀룰로스를 분해하는 미생물을 소화관에서 살 수 있도록 했어. 말, 코알라, 코끼리 같은 초식동물은 맹장이 아주 길게 발달해 있어. 반면에 육식동물은 맹장이 퇴화해 대장 끝에 작게 매달려 있지. 초식동물의 맹장에 서식하는 미생물들은 섭취한 셀룰로스를 작은 당과 무기물, 비타민 등 필수 영양소로 분해해 줘. 초식동물은 미생물에게 서식지를 제공하는 한편 미생물은 영양소를 만들어 주기 때문에 서로 공생한다고 할 수 있어.

소와 사슴, 양은 반추동물이라고 해. 한번 삼킨 먹이를 다시 게워 내서 씹는 동물이야. 되새김 동물이라고도 하지. 소의 위는 4개야. 반추위와 벌집위에서 공생하는 미생물이 셀룰로스를 분해해. 소가 풀을 뜯지도 않았는데도 무언가를 씹는 모습을 본 적이 있어? 먹은 음식물을 다시 게워 내서 씹으며 미생물의 작용을 촉진시키는 중인 거야. 그러고는 다시 삼켜서 겹주름위와 주름위를 지나며 효소에 의해 분해해. 셀룰로스를 분해하는 미생물들은 반추위에 어마어마한 군집을 이루어 모여 살아.

미생물들이 만드는 소화 효소를 알약처럼 먹으면 어떨까? 상추 같은 풀을 먹은 뒤 미생물 알약을 먹는 거야. 그럼 셀룰로스를 포도당으로 분해하고, 그렇다면 에너지를 얻어서 굶주림에서 벗어날 수 있겠지.

소설에서는 어땠을까? 딸을 납치해서 방해한 사람은 같은 제네시스 그룹의 친구였어. 세상에서 굶주림을 없애려는 선한 영향력을 발휘하는데 친구는 왜 방해를

삼킨 먹이를 게워 내서 씹는 반추동물들

했을까? 앞에서 소는 풀을 소화하면서 메테인 가스를 만든다고 했지? 메테인 가스는 온실 가스이고. 소는 13억 마리지만 인간은 80억 명이 넘어. 그럼 그때는 인간이 만들어 낸 이산화탄소보다 인간이 뿜어내는 메테인 가스가 더 지구를 망가뜨릴지 몰라. 그래서 친구는 환경을 걱정한 거였어. 소설 속 이야기지만 미래 사회에서는 충분히 생각해 볼 문제야.

아무튼 미래에는 유전공학 기술 덕분에 상상을 현실로 만들어 낼 수 있을 거야. 지구에 이로움을 주면서 동물들도 본성에 따라 살고, 더 건강한 양질의 영양소를 얻을 수 있겠지. 아예 유전공학으로 인간의 세포에 엽록체를 넣어 광합성을 하자고? 그것도 괜찮네. 미래에는 뭐든지 현실이 될 수 있으니 말이야.

틈새 토론

채식 급식, 확대해야 할까?

전 세계적으로 채식을 하는 사람들이 많아졌어. 학교에서도 채식 급식을 선택할 수 있게 하거나 '채식의 날'을 권고하는 경우가 늘고 있어.

찬성

전국의 모든 학생들이 채식 급식을 선택할 수 있도록 해 줘야 해.

반대

채식이 잡식보다 우월한 것처럼 강요하는 분위기가 될 수도 있어.

생각 TIP

채식주의자들이 채식을 하는 이유로는 어떤 것들이 있을까?

채식만을 했을 때 영양상 문제는 없을까?

육식은 지구 환경과 인간의 건강에 어떤 영향을 미칠까?

소수의 식성 또는 신념을 지켜 주기 위해 다수의 사람들이 양보해야 할까?

찬성 근거

1) 이유가 어찌 되었건 육식을 하지 않기로 결심한 사람들을 존중해야 해. 그들도 다른 사람들과 마찬가지로 맛좋고 다양한 식단을 누릴 권리가 있어.

2) 육식을 위해 가축을 기르고 도살하면서 기후 위기가 점점 심해지고, 버려지는 음식도 엄청나게 많아. 학교에서라도 채식을 위주로 먹는 습관을 길러 주는 게 지구를 위하는 길이야.

반대 근거

1) 성장기이니만큼 영양소를 골고루 섭취하는 게 가장 중요해. 그런데 채식만으로 균형을 맞추려면 그만큼 돈과 시간이 많이 들 거야.

2) 학생들이 스스로 생각해서 실천하는 것이라면 괜찮지만, 학교 차원에서 채식을 권하는 것은 또 다른 문제야. 채식이 윤리적으로 옳고, 육식은 옳지 않다는 메시지를 주게 될 수도 있어.

사진 출처

12쪽 Hussein A. Algahtani,a Abduljaleel P. Abdu,a Imad M. Khojah,b
    and Ali M. Al-Khathaamic / wikimedia

54쪽 George Chernilevsky / wikimedia

84쪽 John Doebley / wikimedia

93쪽 Professor Graham Beards / wikimedia

100쪽 gmoanswers.com

113쪽 International Rice Research Institute / wikimedia

129쪽 Amazon.com

137쪽 Warut Roonguthai / wikimedia

143쪽 Michael Gäbler / wikimedia

다른 인스타그램

뉴스레터 구독

오 도 독 ∷ 07

곤충이 미래 식량이라고?
몸속 영양소부터 기후 위기 시대 먹거리까지

초판 1쇄   2024년 12월 2일

지은이   윤자영

펴낸이   김한청
기획편집   원경은 차언조 양선화 양희우 유자영
마케팅   정원식 이진범
디자인   이성아 김현주
운영   설채린

펴낸곳 도서출판 다른
출판등록 2004년 9월 2일 제2013-000194호
주소 서울시 마포구 동교로 27길 3-10 희경빌딩 4층
전화 02-3143-6478   **팩스** 02-3143-6479   **이메일** khc15968@hanmail.net
블로그 blog.naver.com/darun_pub   **인스타그램** @darunpublishers

ISBN 979-11-5633-657-0 44000
     979-11-5633-579-5 (세트)

다른 생각이
다른 세상을 만듭니다